高校大学生思想政治教育工作研究

沈新建　著

中国纺织出版社有限公司

图书在版编目（CIP）数据

高校大学生思想政治教育工作研究／沈新建著. --
北京：中国纺织出版社有限公司，2023.9
ISBN 978-7-5229-1110-6

Ⅰ. ①高…　Ⅱ. ①沈…　Ⅲ. ①大学生—思想政治教育
—研究—中国　Ⅳ. ①G641

中国国家版本馆 CIP 数据核字（2023）第 193725 号

责任编辑：王　慧　　责任校对：高　涵　　责任印制：储志伟

中国纺织出版社有限公司出版发行
地址：北京市朝阳区百子湾东里 A407 号楼　邮政编码：100124
销售电话：010—67004422　传真：010—87155801
http://www.c-textilep.com
中国纺织出版社天猫旗舰店
官方微博 http://weibo.com/2119887771
北京虎彩文化传播有限公司印刷　各地新华书店经销
2023 年 9 月第 1 版第 1 次印刷
开本：787×1092　1/16　印张：10.75
字数：205 千字　定价：98.00 元

前　言

　　高校思想政治教育对培养大学生个人思想政治素养有着重要作用。我国思想政治教育经历了从传统到现代的过渡，面临着许多新的挑战。高校作为培养人才的摇篮，在我国思想政治教育中无疑占据着重要的地位，并发挥着重要的作用。一方面，高校思想政治教育有利于提高大学生的思想政治素质，促使其成为新时代中国特色社会主义事业的优秀建设者；另一方面，高校思想政治教育对推进中国特色社会主义现代化事业有着重要的现实意义。

　　然而，我国已进入社会转型期，高校思想政治教育在这一时期面临着许多新问题、新情况。在这种形势下，高校对大学生进行思想政治教育时，就要分析新问题、思考新情况，不断拓宽高校思想政治教育的视野，使高校的思想政治教育反映出时代的新特征，推进高校思想政治教育的时代化。对高校思想政治教育面临的时代问题进行研究，不仅是加强与改进新时代高校思想政治教育的必然要求，还是保持高校思想政治教育生机与活力的重要支撑，对推进高校思想政治教育理论及方法的创新有着十分重要的作用。

　　本书共七章内容。第一章是高校思想政治教育概述；第二章阐述了新时期高校大学生思想政治教育；第三章阐述了我国高校思想政治教育工作的原则与依据；第四章阐述了我国高校思想政治教育的工作机制；第五章阐述了我国高校思想政治教育工作的主要路径；第六章阐述了高校大学生思想政治教育师资队伍建设；第七章阐述了高校大学生思想政治工作创新研究。

　　在撰写本书的过程中，参考、引用了一些专家和学者的研究成果，在此一并感谢。由于作者的水平有限，研究尚不深入，再加之时间仓促，难免存在疏漏和不足之处，恳请读者批评、指正。

沈新建

2023 年 3 月

目　　录

第一章　高校思想政治教育概述

马克思主义理论体系涵盖了马克思本人关于未来社会形态——科学社会主义的全部学说和理论。开展马克思主义思想教育对我国大学生思想政治教育具有重要的战略意义，是我国社会不断向前发展的重要保障。中国共产党第十八次全国代表大会明确提出："把立德树人作为教育的根本任务，培养德智体美全面发展的社会主义建设者和接班人。"这一指导思想的明确提出，为我国思想政治教育指明了前进方向，也对新时代我国高校思想政治教育的理念和方法提出了新的要求。

第一节　思想政治教育的概念与功能

思想政治教育的定义与思想工作理论、政治工作理论、思想政治工作理论等概念的定义有重大区别，但又关系密切。思想政治教育的概念是由思想政治工作理论、思想工作理论和政治工作理论等概念引申、繁衍而来的。关于思想政治教育的概念和功能，我们从以下几方面进行具体阐述。

一、思想政治教育的概念

在定义思想政治教育这个问题上，学者们有不同的观点。有些学者认为思想政治教育是要引导人们通过思想政治教育的学习，树立正确的世界观、人生观和价值观。当然，也有很多学者认为开展思想政治教育是因为每一个人都是社会中的一部分，部分服从于整体的同时，也能够推进整体的发展。综合来讲，思想政治教育要先对个体进行教育和指导，这样个体思想的进步才能推进整个社会思想的进步。

思想政治教育具有鲜明的特征。

第一，具有强烈的政治性，思想政治教育主要对受教育者进行马克思主义思想的强化教育，使每一个公民都坚定中国特色社会主义的理想和信念，坚持走中国特色社会主义道路。通过政治性来确保马克思主义思想的长期指导地位，保证我国社会主义建设事业的持续发展与进步。

第二，具有显著的思想性，即用国家的大政方针、理论政策以及党和政府对中国特色社会主义事业的最新理解、最新理论，对受教育者进行思想政治教育，从而保证受教育主体更加认同党和国家的大政方针、政策。

第三，具有明显的道德性，思想道德会对整个人类社会产生深刻的影响，受教育者接受思想政治教育后，脑海中就会形成一根无形的线，即社会基本道德规范，这根线可以约束人们、指导人们。强化政治性、思想性和道德性，能为社会主义事业建设培养出所需的人才。

随着时代发展和科技进步，现代传媒技术迅猛发展，社会各个阶层的思想变得丰富多彩。而与此同时，外来的思想文化也在影响着人们的价值观念。多样的思想文化让人们陷入多种价值选择的困境中，这种困境对我国思想政治教育提出了新的挑战。新形势下思想政治教育的政治性、思想性和道德性要求我们与时俱进、不断创新，要求我们在理论和实践层面上找到新的突破口，即在原来理论的基础上逐渐形成新的高校思想政治教育形式。

当前高校思想政治教育存在教学质量差，课程内容不合理，实践教学欠缺等问题，因此，我们应该坚持以受教育者为主体，正确把握受教育者的思想理论导向，同时树立科学的创新理念，进一步做好思想政治教育工作。

思想工作的内容就是改变人们对于某一类事物的看法，用引导与沟通的方式来达到特定的目标，且思想政治教育的教育者认为这一目标是正确无误的，是受教育者需要认识和理解并学习的重要思想。思想工作所采取的主要方式就是说服，即"摆事实，讲道理"。思想工作包括很多方面，小到居家过日子，大到国家和政府制定的方针政策。思想工作更多的是不同人之间的思想碰撞，方式多种多样，可单个对单个、单个对多个，也可多个对单个、多个对多个。思想工作对文化的传播具有十分重要的作用，对思想发展基本上没有特别的限制，思想工作主要是为了帮助同社会发展不符或者是与自身发展不符的行为个体。

就政治工作而言，为了贯彻落实国家意志和改革发展的宗旨和目标，必须明确地、有组织地、有纪律地对人民开展长久的政治工作。为了保证国家所有的工作都可以正常有序地开展并且向好的方向发展，必须开展政治工作，其中既包括思想上的指引，也包括具体方针政策的实施。此外，政治工作还具有强制性的特征，对国家发展有利的政策与方针可以被强制实施，这有利于国家的安定与繁荣。如果在现实生活中能切实落实政治工作，那么政治工作的监督作用就会很好地显现，一旦发现不利于甚至危害国家或人民的思想和行为，就能够立刻指正。

思想工作和政治工作整合在一起形成了思想政治工作，二者相互影响，相互交融，思想工作中体现着政治工作，政治工作中体现着思想工作。党的意识形态内容的具体落实体现在生活的方方面面，这样就会让社会个体和社会主流思想相融合，充分释放每个社会个体自身的生产力，进而推动整个社会的进步。

思想政治教育和思想政治工作的含义有相同之处，但又不完全相同。思想政治教育着重体现在对人进行深刻的教育以及对人的思想的积极指引上。思想政治工作则侧重于其工作方面的特征，一定要老老实实做完设定的工作。思想政治工作的开展要有组织，并且可以量化，能够帮助人们对社会主流思想和占主流地位的意识形态进行深入理解，帮助社会人群建立正确的人生观、世界观和价值观。

张耀灿先生和陆庆壬先生对于思想政治教育的概念各抒己见。张耀灿先生认为，思想政治教育要从社会实践活动的角度出发，使人们的思想品德与思想政治教育相吻合，使人们的行为活动符合社会、阶级的需要，人们要有正确的思想观念、政治理念与道德规范，并且要有计划、有目的、有组织地影响他人。陆庆壬先生则认为，开展社会实践活动可以转变人们的思想、指导人们的行为，对人们的思想意识施加有目的的影响，从而实现一定的政治目标。以上两种对思想政治教育的定义，是从思想政治教育的过程方面提出的。思想政治教育是党和国家顺利发展的必然要求，它通过具体的措施来促进人们政治思想的产生。这种措施不能够反映接受者的自身思想以及生活的需求问题，因此思想政治教育的内容要从党和国家的层面去描述。

随着时间的推移，社会不断地前进与发展，人们的需求一直存在，并在不断增加，经过统计和合理规划后，党和国家出台了一些有益于社会发展的方针和政策。为了符合时代进步的思想要求，就必须借助一定的手段，有计划地对人们实施思想政治教育，从而增加约束和引导，但前提是坚持人民是国家的主体，坚持不动摇人民的主体地位。不同的时代背景下，人们的需求一定会有所变化，人民的需求主要是通过思想政治教育来体现的。依据中国的国情和历史背景，人们选择了马克思主义，并且不断地把马克思主义中国化。与此同时，马克思主义自身的价值也在中国化的进程中得以体现。

二、思想政治教育的作用

如何充分发挥思想政治教育的作用，需要从整体效能的发挥和价值的实现两个方面进行分析。因此，要达到思想政治教育的目的、发挥思想政治教育作用，首先就一定要科学认识、深入研究思想政治教育的作用。

（一）思想政治教育功能作用的研究辨析

思想政治教育的功能体现环境与系统之间相互关联，系统与环境之间的输入与输出。功能表示系统对环境的影响。功能起源于物理学，功能的范畴在现代哲学中的解释是从自然科学演化而来的，将现代科学和实践相结合，进而产生了功能范畴这个新范畴。功能范畴在社会科学领域如何解释和引用，学者们对此有不同见解。我们在对思想政治教育功能作用进行分析时，将对功能范畴的一般方法的认识和研究，同思想政治教育功能的内在特征紧密联系在一起。虽然思想政治教育具有客观存在性，但它是一个"人为系统"，而非一个客观的"物质系统"，其中包括体现自身价值追求的人的活动。换言之，价值的创造产生了思想政治教育，人类为了顺应历史的发展、时代的要求，也为了自身更好地向前发展，从而创造了思想政治教育。因此，思想政治教育功能能够发挥作用的前提是人的活动价值，这又体现出思想政治教育功能具有逻辑先在性，这便是思想政治教育功能区别于其他功能的地方。人类活动的最大特点就是，当人的需要不能被满足时，人就会根据自己的需要，遵循客观规律，改变事物本身的状态，创造出新的事物，创造出新的价值。人类创造价值活动的尺度，是先于创造价值的行为而存在于人的观念之中的。换言之，人类所创造出的事物就是为了使人类更好地适应自然的发展、满足自身的需求。实际上，人自身的需要可以通过创造价值的活动来满足。在这个意义上，人的活动的功能就表现为创造对人有用的物，即创造价值。

在进行思想政治教育时，人与社会的思想道德文化相互作用、相辅相成，从而使人的思想道德素质发展得以实现。在此期间，作为活动主体的人可以对思想政治教育所提供的思想道德文化进行能动选择，让思想道德文化对人的自我塑造过程成为一种方向性的过程，为自我发展的目的与理想服务。在人的思想道德素质发展的过程中，时刻伴随着社会思想道德文化的批判与革新。从上述范畴可知，思想政治教育可以任意选择思想道德文化，这便是思想政治教育功能作用的体现。所以，思想道德文化成为我们对思想政治教育功能作用的研究辨析的另一个视点。

作为分析视点的社会是人们研究某些事物或现象功能作用的着眼点，因此，一些关于某事物或现象的社会功能便产生了。本书在此处没有从分析思想政治教育的社会功能直接入手，而是把人与思想道德文化当作分析视点，此观点并没有否定思想政治教育的社会功能，只是为了找出一个最全面地分析思想政治教育社会功能的视点。因为，在历史唯物主义的范围中，个体与社会作为一个相互联系、有机结合的整体，社会必将通过某种事物或某种活动对个体产生作用，所以很难划分社会功能和个体功能之间的具体不同。另外，人缔造了一切具有价值的事物，人可以创造出包括他自身在内的一切生活需要的价值对象，因此，人被称为"价值源"。思想政治教育的社会功能作用通过其创造的价值在社会各个领域得以体现，并通过人的思想道德素质得以发展。换言之，通过不断向社会输送人才实现社会发展，这是思想政治教育的社会功能的体现。同时，社会思想道德文化的传承和创新可以经由思想政治教育来实现，这是其对思想道德文化产生的作用，也体现出它的社会功能。因此，思想政治教育与其他活动不同的重要标志是，其功能作用于人和思想道德文化。

从结构功能原则的角度分析，思想政治教育功能研究的视点可以是人与思想道德文化。事物结构具有复杂性的特征，事物的结构决定着事物的功能，从本质上看，事物的功能是一个"功能系统"。在复杂多变的功能体系中，事物的基本结构决定了其本质和基本功能。在事物的不断变化发展过程中，一旦内部结构出现了变化，那么它的功能也就随着结构的变化而变化，但事物的基本结构和本质属性却不会发生改变。思想政治教育的功能有很多，其中本体功能是最基本的、关键的、起支配作用的功能。事物的本体功能处于主导地位，它可以主导或约束其他一般功能。由于与本体功能距离远近的不同，各级衍生功能也不同，并且因为多层"介质"折射，常常出现"游离"原生功能的趋势，功能之间更可能出现冲突。综上所述，要想分析思想政治教育的功能，分析其基本功能或者说本体功能是一个必要前提。

思想政治教育基本功能的客观确定性通过其本质确定，功能是其本质的外部表现。选择与思想政治教育关联非常密切的分析视点，可以了解思想政治教育的基本功能。只有这样，思想政治教育的本体功能才能被清晰地认识和了解。一旦选择的分析视点与思想政治教育没有多大关联，得出来的很有可能就是思想政治教育的派生功能，派生功能是本体功能在众多的中介层中的投影或反映。从思想政治教育的本质出发，可以看出，思想政治教育是人与社会思想道德文化的双向构建，一方面将社会思想道德文化提供给人，另一方面又使人拥有超越自己、不断前进、不断上升的思想道德素质，继承并创新更优秀的思想道德文化。所以，只有以思想道德文化与人的联系为研究方法对思想政治教育的功能进行研究、分析和考察，才能正确认识思想政治教育的原生功能，从而进一步达到认识其衍生功能及衍生功能与本体功能之间的相互关联的目的。

思想政治教育对整个社会的影响是从主观视点进行分析的，关于思想政治教育功能的观点，主要有以下几种：

（1）作用论。很多人坚持作用论，陈万柏等人则认为，思想政治教育功能有积极独特的作用和影响。

（2）能力论。能力论者认为坚持思想政治教育功能是能力在实施教育活动过程中所产生的。在此理论中，事物潜在的能力被称为能力，即事物是否具备这种能力，并利用这种能力发挥一定作用，满足需求。

（3）结果论。思想政治教育的价值具体表现为思想政治教育结果的社会需要满足性，个体需要满足性与教育性。

（4）价值论。价值论者认为价值的体现是通过思想政治教育功能来完成的，是思想政治教育展现出了人和自然、人和人相互作用和相互影响的过程中的价值。

（5）职能论。职能是指事物应该具有的作用，思想政治教育职能就是从思想政治教育的目的性出发，归纳思想政治教育应具有的属性和作用。

（6）效用论。有学者在诠释思想政治教育功能时使用"效用"一词，并提出了效用论的观点，指出在思想政治教育活动中思想政治教育功能所发挥的作用和产生的效果。

（二）思想政治教育功能的相关论述

思想政治教育具有多种不同的功能，也可分为多种不同的类型。根据现有的研究成果，大约有下列几种划分方法。

首先，从价值角度来看，可分为正功能与负功能。正效应是我们所期望的效果，负效应是我们不期望产生的效果。

其次，从个人、自然、社会三者之间的关系来看，曹书庆曾强调各种功能之间的相互协调关系。比如，个人性功能、社会性功能、政治功能以及经济功能之间的各种关系。但是也有多种不同的说法，有人认为思想政治教育功能体现在三个方面，包括教育性功能、个体性功能、社会性功能。这三个方面又各自包括不同的类型。个体性功能包括个体的生存、发展、享用。教育性功能则通过思想政治教育的教育功能来展现，它是对平行系统有重要影响的子系统，还有价值属性这一方面的内容。社会性功能包括政治性、文化性、经济性和自然性功能。

最后，从教育思想系统结构来看，教育思想系统有内部和外部系统，认同、适应、享用是内部系统所包含的三个功能。外部功能即系统与各方面环境之间的相互影响和作用，它通过政治功能、自然性功能、经济文化功能三个方面展现出来。其中，对教育思想系统起决定性作用的是经济发展水平；自然环境则起熏陶的作用；文化水平起渗透作用。因素的多少决定功能的多少，与此相反，功能的多少限制因素的多少。

大家对思想政治教育的功能众说纷纭。除以上的观点外，还有其他观点。例如，陈万柏认为，导向、保证、凝聚等功能是思想政治教育作为社会功能所必须具备的。郑永延则认为，思想政治教育还应该包括育人、开发的功能。陈秉公则提出了新的看法，他认为，思想政治教育的社会职能分两类，即具体性职能与根本性社会职能，前者包括转变、激励、灌输和调节的职能，后者包括为生产斗争、政治斗争、塑造人格服务的职能。

综上所述，思想政治教育功能的类型划分标准有很多，观点不一，各自都有自己的见解，总体给人感觉稍显杂乱，并不具有系统性、科学性。

（三）思想政治教育的作用

1. 对个体发展的作用

人们要想适应瞬息万变的现实社会，只能通过思想政治教育来实现。一旦人们具有了规定性的特征，同时人的思想道德的个性特征又能在学习的过程中得到发展，那么，人作为思想道德的主体，就可以通过不断增强意识，塑造一个完满的，甚至是超越现实规定性的思想道德人格。具体来说，个体发展的作用方式受思想政治教育的影响，主要体现在以下三个方面。

第一，人具备社会思想道德文化规定性特征。人存在于特定的社会环境中，具有主观能动性，但在社会领域，各种社会活动无规律可循。造成这种现象的原因就是每个人都从各自的动机出发，追求自己的目标，可是我们会发现自己的目标很难达到。在我们深入研究社会的深层、由表及里的结构时，往往一些相互冲突的活动会形成一个全新的集合体，从而形成一种全新的活动模式。而且这个集合体的秩序和节奏与任何社会个体的活动都不相同，这种全新的模式不会为任何一个个体而改变，这种秩序和节奏就是规范个人的基础。作为人类个体活动的产物——社会思想道德文化，它一经创造便会具有相对独立性。有的对人类个体还具有反向规定、规范作用。所以，人之所以成为"社会化"的人，是因为能认识社会现实中已有的规定和既存的思想道德文化，人为社会思想道德文化所接纳的同时，又是现实社会思想道德文化的占有者、体现者，这些都是人存在于现实社会中的根本性的前提。人要想超越自我，成为一个"全新人"，可以通过在思想政治教育活动中提高思想道德素质来实现。思想政治教育教导人学会关于人类社会的思想道德文化的全部内容，使个体变成一个具备丰富关系的全面的个体，不再受人类自身的局限，超越自我孤立、片面、偶然的个性。人在社会中主要依靠思想政治教育获得现实规定性，因而才能适应现实思想道德文化。

第二，思想道德赋予人对自我和规定性超越的动力和能力。不断超越和改造才是人的活动的重要本质，不单纯是为了适应，换言之，它对对象的肯定性关系只是作为环节蕴涵于对象的否定性关系之中。传统道德教育只是没有认识到人具有制定规则的能力，没有认识到个人在社会化过程中使社会的规则成为自己性格的一部分，也就认识不到人可以重新制定社会的规范，并发展自己的个性。仅仅在社会现实思想道德文化的适应层面上对人进行思想政治教育，并不能适用于人的活动本质，这样人将只能是一种"有限"发展的存在。教育对象要满足现实生活的需求，建构自己的思想道德观念，通过在思想政治教育中与社会思想道德文化的相互作用来获得现实的规定性。人在现实生活中不断面临新的问题和挑战，思想政治教育对人的作用不仅是使人"接受""适应"已经存在的固有的规定，还要使人成为具有新的现实性的人，更新其思想道德需要和自我理想的追求。思想政治教育能够使人不断创新，利用现有的一切思想道德文化超越现实社会中出现的各种规定性。同时，人可以在现实社会思想道德文化环境里的各种活动中构建并产生一个新的自我，这个新的自我所凝聚的思想道德素质结构和水平与旧有之"我"相比，大不相同。一方面，人通过思想政治教育掌握人类创造的、已经存在的思想道德文化成果，使思想道德素质得到全方位、积极向上的发展。另一方面，人的理想自我和价值追求又被思想政治教育不断地唤醒，使自身存在的价值得到不断提升，并有了更大的空间，从而让人成为思想道德的创造主体。通过不断变革创新、超越现实的需要和理想，展现出无限的精神力量，激发超越一切的斗志，只有经过这些过程的人才能具备动力和能力去超越自我和社会的规定性。

第三，人的思想道德个性发展可以通过思想政治教育来实现。即便思想政治教育有很多共性，但仍然存在个性差异，这是由个体的不同倾向性和心理特征所决定的。个体本身具有不同的思想道德素质结构，必将使个体在思想道德需要、理想目标、观念、态度、情感、行为习惯等方面有不同的表现。可以通过思想道德的个体差异来帮助个体确立和提高思想道德的自我意识，使人的自尊心、自信心、自制力和自豪感得到更好的形成和发展，创造出具有个性特点的思想道德观念和行为方式。换言之，思想政治教育能使个体的自我思想道德素质得到更好的发展。

2. 对文化的选择作用

人与社会思想道德文化之间，通过思想政治教育的作用所产生的一个过程称为"化人"。但此过程与文化对人的自然模塑有本质的区别。文化人类学中记载，人的自然模塑在文化中被定义为"儒化"。文化人类学家对其的理解是，人在儒化的过程中是没有主体性的，主要强调的是文化对人的自然模塑具有重大意义。所谓"近朱者赤，近墨者黑"就是这个道理。人的模塑是社会思想道德文化在思想政治教育过程中有目的、有意识地完成的。所以教育对象可以主动选择要接受的思想道德文化，而不是完全被动的。这些服务于自我建构的目的与理想，使思想道德文化对人的自我塑造过程具有方向性。通过上述内容我们可以看出，思想道德文化的选择是在实现教育对象自我超越的过程中，教育对象在整个思想政治教育过程中的自我建构、自我发展，思想政治教育的选择作用就是在此基础上批判和创新思想道德文化所产生的结果。

思想政治教育的选择作用对于思想道德文化的整体发展是十分重要和不可或缺的。在思想道德文化的传承过程中，应对其主要部分加以选择，如果没有进行选择那么势必对思想道德文化的发展毫无益处。通过分析思想道德文化自身的内部运动可知，矛盾和斗争充斥在各种不同的思想道德文化之间，思想道德文化发展的必然结果是去芜存菁、推陈出新。如果没有很好地选择思想道德文化，其发展趋势将势必出现停滞现象，思想道德文化发展的生命力也将慢慢枯萎、消失殆尽。通过对南太平洋土著居民的文化进行考察，美国现代人类学家玛格丽特·米德得出这样的结论：子代对父代的文化选择全部复制生活中的一切，子代都是承袭父代，父代为子代提供模板，子代照搬模板，这些是导致文化停滞的主要原因。生活在大山深处的人们，一代代都以相同的文化模式生活，从不愿意改变，人的思想道德素质发展水平和现实思想道德之间具有高度的重复性，代与代之间几乎不存在差异，其根源就是缺乏文化选择。随着文化的选择性缺失，创新意识和创新能力就会逐渐退步，甚至逐渐消亡，人的思想道德文化的创新功能也就很低。例如，中央电视台的记者曾对一个封闭的穷困山村的放羊娃进行采访，采访结果显示，像村落中父辈们那样放羊、娶妻、生娃，就是放羊娃对自己全部生活意义的认识，也是他所认为的最好的生活状态。在他的认知里，世世代代都按照同样的生活模式。但是，这种现象可以通过文化选择来改变，重复循环的思想道德文化可以被打破，只有释放出自然潜能，人才能走出这种有着自然特性的困境，形成新的精神追求和价值需要，进而迈向更加辽阔的世界。只有使这种需要和追求永无止境地上升，新的思想道德文化才会不断被创造。

思想道德文化所具有的选择作用是通过思想政治教育来实现的，主要表现在它对社会思想道德文化作出肯定的或否定的判断和分析，将其作为独立于人之外的对象，使得社会思想道德文化向着积极健康的方向发展前进。由于思想政治教育存在于现实之中并具有现实意义，所以思想政治教育是以现实为基础的、根植于现实思想道德文化之中的。对于每个人来讲，一旦无法与现实思想道德文化紧密结合，这个人将失去自身存在的根基而无法生存于社会之中。但是，从另一个角度讲，在现实思想道德文化教育中，教育对象并没有得到教育者的全部教授，而是选择性地学习现实思想道德文化，并以社会主导的价值观为依据。例如，在中国古代，儒家文化在很长时间内都居于统治地位，因此，儒家文化就是古代统治者对人们进行思想政治教育的思想道德文化。而在现在的社会历史条件下，为了满足教育对象适应社会主义经济发展的要求，教育对象需要从教育者那里学习关于社会主义市场经济的要求、法则等，在学习的过程中与时俱进，将自己的力量贡献到逐步建立完善的社会主义市场经济体制中，同时在全社会范围内倡导马克思主义思想价值导向。而思想政治教育者需要重点批判那些与社会主义市场经济的伦理精神和社会主义价值导向背道而驰的文化。通过学习人类曾经创造出来的思想道德文化以及现代优秀的思想道德文化成果，新的理想和价值追求才可以形成。这种新的理想和追求必然突破现实思想道德文化对人的限制和束缚，人永远不会只满足于思想道德文化现有的状况，应通过不断推陈出新来改变固有的模式并最终体现出创新。本书通过三种形式来体现思想政治教育对思想道德文化的选择功能，即肯定性、否定性和前导性，这三种形式分别表现为对思想道德文化的传承、批判与引导。值得一提的是，它们是密切地联系在一起的，思想政治教育对思想道德文化的这几种作用都是不可分割的，一旦它们彼此相分离，将会失去存在的意义。

第一，思想政治教育对思想道德文化的传承。能够传承下来的思想政治教育将不再是对思想道德文化的"复制"和"再现"，这样的思想政治教育具有极其重要的作用。在主体自主价值判断和选择的基础上，人类肯定了思想道德文化，优秀的思想道德文化对传统道德文化的发展会起到所谓的"断流"作用。思想道德文化作为思想政治教育的基本素材，其加入思想政治教育是教育者经过慎重选择之后的决定。在经历了两次选择性评价和筛选之后，思想道德文化发生了重大变革：第一次是思想政治教育者的筛选和加工；第二次是思想道德文化的再选择、再评价，这两次变革是通过思想道德建构活动完成的，然后对活动主体产生影响。社会思想道德文化系统是不断进化和发展的系统，该系统并不是一个固化状态。正如海德格尔所分析的："由人所创造的一切外部条件(物质、制度、价值观)不是一种断面性的现实存在，而是一种方向矢量的'存在'；不是被静止观照的对象，而是一种能动的动态过程，它永远处于人的重新建构之中。从本质属性上看，思想政治教育系统本身是一个思想道德文化系统，是社会的一个'思想库'。在这一系统中，无时无刻不在进行着各种思想道德文化、价值观念的冲突与融合，从而产生新的思想道德文化。思想政治教育所创造的新的思想道德文化对其进化和发展起着重要的促进作用，这是思想政治教育对思想道德文化的肯定之最高形态。"

第二，思想政治教育对思想道德文化的批判。批判社会思想道德文化功能是通过思想政治教育对思想道德文化的否定实现的。社会思想道德文化是一个交织关联的系统，融合了传统与现代、精华与糟粕、外来思想道德文化与本土思想道德文化。矛盾和斗争时刻充斥在它的内部，社会思想道德文化的发展和进步通过其中诸多思想道德文化的相互作用来实现，并否定和批判了社会思想道德文化中的"糟粕"。同时，在思想道德文化中的变迁中，思想政治教育作为一种"策动力"起着关键性作用。在现代社会的经济领域，思想政治教育的这种批判功能也表现得十分明显。在市场经济条件下存在各种拜金主义、极端利己主义、享乐主义，在强烈的利益驱动之下，它们往往容易滋生显现。如果没有优秀的、强有力的社会价值观念引导，没有严格的法律约束，人的思想道德素质和社会思想道德水平必将没有底线，从而导致社会物欲横流、恶念丛生。思想政治教育对市场经济所带来的思想道德文化价值的消极观念起遏制作用，但这方面的作用在经济规则、社会法律中往往是不足的。例如，拜金主义是商品经济中出现的消极产物，它往往是不可能单纯用法律来约束的，而且只要不触犯法律，就算是法律、法规拿它也没办法，这时候只能发挥思想政治教育的独特性作用。通过思想政治教育对思想道德文化观念的分析批判，能够定位社会价值观念，使人的精神文明素质得到提升，思想和灵魂得到净化。

第三，思想政治教育对思想道德文化具有引导作用。在整体上，思想政治教育指引了社会思想道德文化发展的方向。思想政治教育让人适应现实的思想道德文化，给予人现实规定性的同时，使人具有超越其现实规定性的特殊能力，并赋予人未来的特性，让人具有超越现实社会思想道德文化的能力。所以，思想政治教育具有一种引导作用，不仅单纯地从本质上反映了现实的人和现实的思想道德文化，更重要的是，还指出人的理想自我和社会思想道德文化的未来。一旦失去了思想政治教育的引导，人将被当前的利益和物质享受蒙蔽双眼，如果人深陷其中不能自拔，自然无法实现自我超越，社会也就不能超越本身，社会思想道德文化也将在无方向的"自然"运动之中失去自我前进的方向。作为一个组织系统，一方面思想政治教育是一个思想道德文化的创造"源"，不断地创新社会思想道德文化；另一方面它还是一个思想道德文化的扩散"源"，仅仅是通过一种扩散机制，所有人们创造的新的思想道德文化就都可以被扩散到整个社会领域。思想道德文化的影响力通过思想政治教育得到扩大和更新，一旦它上升到思想道德文化的主导地位，将会对社会思想道德文化的发展产生重大影响。例如，那些在整个社会思想道德文化中占主导地位的，大都是由个体的人创造的、新的思想道德文化缔造的，焦裕禄精神、雷锋精神、孔繁森精神等就是其中最具代表性的，这些都在社会主义思想道德文化的发展前进中起引导作用。

综上所述，如果说社会是一个大系统，那么，作为社会大系统中的一个子系统——思想政治教育，它的社会功能就体现在其对社会大系统和各个子系统发挥的作用之上，它的本质是不断地为整个社会系统输送优秀的人才和提供思想道德文化支持，如政治文化、伦理文化、企业文化等。思想政治教育系统与其他社会活动系统之间存在相互作用，如经济活动系统、政治活动系统等，因而会出现很多具体化的社会功能的学说，如思想政治教育的经济功能、政治功能等。其实，思想政治教育提供的人才支持与思想道德文化的传承发展是其表现出的社会功能作用。通过思想政治教育向社会输送富有超越精神、创新意识和创新能力的人才，满足思想道德文化的需求，同时传承思想道德文化。

第二节　高校思想政治教育综述

一、高校思想政治教育的重要意义

一些学者对高校思想政治教育进行深入探究后，指出高校思想政治教育应是一种从全局上加强教育、从根本上改进的总的方法；还有一些学者认为，高校思想政治教育应当通过教育内容、思想政治教育队伍、实践教学、教育环境等各方面的整体改革与系统优化，从全员、全程、全方位上构建一个育人的高校思想政治教育实施体系，实现高校思想政治教育的最大合力。通过学者们的表述可以看出，高校思想政治教育是一种全新的理念与途径。建立新时代的思想政治教育体系，"育人为本"是理念的关键所在，"全员育人、全过程育人、全方位育人"是方法的关键所在。价值取向在高校思想政治教育中有着重要的作用，即在大学生平时的教育活动中渗透社会主义核心价值，使大学生通过学习社会主义核心价值明辨是非、懂得行事做人的基本价值取向，使得大学生在抵御各种社会思潮的侵袭时，能够主动运用社会主义核心价值。总之，高校思想政治教育的重点是通过个体修养和价值导向促进人的全面发展。

二、高校思想政治教育的作用与价值

构建新时代下的高校思想政治教育格局，更好地发挥思想政治教育的基本理念，完成高校立德树人的重要目标，这些可以借助思想政治教育独特的育人功能来完成。

（一）凝聚主流思想

主流思想是指社会成员认同的规范和共识，即在历史和现实中形成的能够指导人们的正确思想。高校思想政治教育面临的主要问题之一就是如何应对各种声音共存、各种思潮涌起的现代社会。青年人容易接受新鲜事物，但思想不够坚定，容易被各种思想意识所侵蚀。因此，青年大学生思想的这块"蛋糕"不断地被社会上的各种思潮抢夺，而高校发出的主流声音不够响亮、提倡的主流文化不够强大。要解决这些问题，必须要加强高校思想政治教育。

如何将大学生的目光聚焦到主流思想上来，促使大学生健康成长、全面发展呢？高校可以通过思想政治教育的基本理念来实现全方位育人，引导大学生学习主流思想、消化主流思想、内化主流思想，最终用行动展现主流思想。

（二）传递社会正能量

正能量主要指情感和动力，包括一切积极向上、奋发图强的人和事，以及一种健康乐观、积极奋进的态度。人们的期待和渴望通过正能量得到很好的诠释，它紧密联系和依赖着人们的情感。只要社会上所有人都相信正能量，并将它当作一种信仰，它就能够指引人们去共同奋斗。

当前，高校中存在多种形式的精神状态，既有积极、健康、向上的，也有消极、悲观的，存在的原因各不相同，这些都是导致高校中正能量分散的因素。努力传播正能量，培养和提高大学生的情操、品格，通过"全员育人、全程育人"的方法，将大学生的思想和行动逐步引导到正能量上来，让他们做积极向上的人，这是高校思想政治教育的一个重要功能。此外，高校还必须不断创新教育载体，开展各种主题教育活动，进一步完善教育体制，为思想政治教育营造良好的、积极向上的校园文化氛围，从而促进社会正能量的传播。

（三）树立社会主义核心价值观

核心价值作为是非标准和遵循的行为准则，是群体或个人在社会中做事的主要依据。党的十八大报告提出的"倡导富强、民主、文明、和谐，倡导自由、平等、公正、法治，倡导爱国、敬业、诚信、友善"是社会主义核心价值观的基本内容，为社会提出了统一的价值准则。人们要想形成正确的价值判断，就要不断弘扬社会主义核心价值观，进而形成共同的价值取向。

少年强则国强，青少年作为社会发展导向的实践者，是社会的未来主人。新一代青少年长大成才是国家时刻关心的问题，他们应该有自己的追求、理想和抱负。为了让广大青少年能够结合自身的优势，清楚地认识到自己在社会中的角色，国家提出了适合中国国情、社会发展及青少年成长的思想政治教育的目标和方法，以帮助他们准确定位自己的发展方向，并在成长过程中形成具有自身特色的人生观和价值观。

大学生群体是社会中的特殊群体，他们具有特殊性和独立性。青少年的人生观、价值观的形成主要在大学阶段，在这段时间内，大学生通过思想政治教育，逐步形成有利于自身进步的、符合国情的价值观，并根据自己的喜好和优势，思考、确定自己未来的发展方向。

高校可以通过两方面来完善大学生的思想政治教育，一是提升大学生自身的思想品德，二是提升其政治素养。首先，大学生应该了解自己的自身特征；其次，应该知道如何做才能成为对国家、对社会有益的人。正确积极的思想使得大学生知道哪些事可以做、哪些事不可以做，在学习的过程中建立自身良知和社会底线。做到这些之后，他们才能在进入社会后不受阻碍，同时不会做出危害社会的行为，在社会中呈现一个健康人的姿态。人是社会构成的基本要素，个人的生存也离不开社会，人与社会相互影响，了解自己、了解社会是我们必须要做的。政治理念、政治立场和政治态度是大学生政治素养的综合体现，只有提升政治素养才可以在实现自我价值的同时，为国家和社会创造价值。

以教育为中心的高校思想政治教育给大学生提供了大量帮助，是大学生学习生活实践的理论指导。高校思想政治教育关注的焦点是大学生的实际思想生活需求和具体的思想特点，让大学生树立社会主义主人翁意识，不断拓宽大学生的视野，使其进一步思考社会定位和自身的发展的合理性。为此，党和国家出台相应的政策，制订大学生人才培养计划，通过分析青年一代的思想，为大学生提供服务；同时制定行为规范来约束和督促大学生的实践行为，使其能够适应社会发展的要求；坚持以立德树人为首，培养大学生的优秀品质和良好习惯，将大学生专业课程与思想政治教育相结合，紧密联系大学生的实际生活。各大高等学校的教师应针对不同学校学生群体的特点，依照国家制订的人才培养计划，有针对性地对大学生开展思想政治教育，提高大学生的思想政治教育素养，使大学生能够全面健康地发展。

我国高校思想政治教育是根据我国社会主义国情的发展需要和大学生自身的特点来进行的，以素质教育逐步引导和帮助大学生进行健康实践活动。这是在统筹规划我国社会政治、经济、文化等各个方面的发展情况后，为培养大学生成为社会主义建设的新一代接班人，使其能够形成良好的政治素养、心理素养和道德品质而开展的。

目前，各种价值观在高校中传播，使大学生价值判断难度增加，这对青年大学生正确价值观的形成造成了严重的影响。高校思想政治教育的功能是大力弘扬社会主义核心价值观，基本理念是"育人为本、德育为先"。在开展思想政治教育过程中，要求高校重视社会主义核心价值观的弘扬和培育，使大学生能够真正地明辨是非，自觉抵御各种错误价值观的侵袭，成为社会主义核心价值观的践行者。

三、高校思想政治教育的目的和方向

（一）促进大学生的自由全面发展

全面发展高校思想政治教育，培养品学兼优的大学生，需要在教授专业课程理论知识的同时，结合学生的生活实践进行思想政治教育。

高校思想政治教育像阳光雨露般滋养和塑造着新一代的年轻人。大学生在成长过程中遇到的问题，能够依靠思想政治教育有针对性地解决；同时开展思想政治教育能够营造自由健康的学习氛围，帮助大学生及时调整状态，真正地顺应时代变化。思想政治教育能使大学生在高校有自由学习、健康生活的空间，能够充分调动生活和学习的积极性，使其创造力和创新性得到提升；能够使得大学生自由而全面地发展，全身心地投入对未来的探索中，无须为适应不理想的环境而花费更多的时间和精力，从而更好地挖掘自身潜在的价值。

高校思想政治教育能够满足大学生的成长需要，让大学生自由地展现真实的自我，同时为培养大学生的良好道德品质提供全方位且充足的支持与帮助，进而使大学生实现自身的人生价值。健康人格的培养在高校思想政治教育中备受关注，它可以引导大学生及时调整自己追求理想的方式方法，协助大学生合理地解决在生活中、学习中出现的一些烦恼和问题，使其能够顺应社会发展形势、适应国际潮流，形成大学生的独特思维模式，从而引导大学生发展出勇于担当、乐于分享、乐于助人等优秀品质。大学生在接受思想政治教育后，会逐步关心社会热点问题，客观理智地评价一些社会现象，能够在社会中独立工作，同时具有独立解决问题的能力，能很快适应社会中的生活与工作。通过思想政治教育，大学生能够规范自身的行为，在面对社会生活中的问题时能应对自如，又能在追求人生发展目标时结合自身特点寻找合适方法。可见，思想政治教育对大学生的发展具有非常重要的作用。

（二）促进国家与社会发展

大学生思想必须与社会发展所提倡的主流思想一致，主要表现在思考模式、思想状态、思考内容等方面，这样，大学生所具有的社会价值和人生价值才可以得到充分发挥。

在大学校园里宣扬社会主义核心价值观，能够让主流思想在师生群体中传递，使大学生的思想道德与社会主义核心价值体系具有一致性。社会主义理想能够不断增强整个社会的凝聚力，思想政治教育能够满足大学生的自身发展需求和社会发展的需要。衔接好青年一代自身发展需求和社会需求，可以产生推进社会发展的更强动力。社会的发展与我们每个人的发展密切相关，个人自身的发展脱离不了社会的发展，社会的发展又是靠个人自身的发展去推动。

从政治工作层面来讲，为了使青年群体更好地创造社会价值，促进社会和谐、有序、稳定地发展，可以从思想政治教育着手，使青年人具备一定的政治素养，成为符合社会发展需要的人。坚持思想政治教育，帮助大学生树立正确的政治立场和方向，以此提高大学生的政治素养，才能将大学生培养成为一批批优秀的青年人才，成为合格的社会主义青年学子。大学生对党和国家政治工作方针有更深层次的了解和认识，才能够更好地发扬和传承社会主义思想观念，践行社会主义核心价值观，竭尽全力地为社会创造价值，为实现社会主义共同理想作出贡献。思想政治教育使大学生能够在理性思考之后作出正确的判断和选择，不断挖掘自身潜能，充分认识自己和认识世界。

准备进入社会的大学生，如何才能精确无误地找到自己在社会上的位置、认清自身所承担的社会责任和义务呢？这就需要通过高校思想政治教育来解决。实际上，在社会中，每个人享有的自由和权利是相对的，在享受权利的同时需要履行相应的社会义务。人们根据国家现状合理分配社会现存的资源，互相配合完成工作，并且享受自己的生活。在社会这个大家庭、大集体中，社会成员要相互扶持、鼓励、关爱，一起维护这个大家庭，这样才能朝着文明、进步的方向不断前进。

四、高校思想政治教育的特点

（一）长期性

思想政治教育是一个长期的过程，受教育者需要有充足的时间去学习，要想看到教育成果，也需要经历一段较长的时间。高校思想政治教育也是一个循序渐进的过程，大学生在长期的实践过程中，逐渐培养自己平时生活和学习中的行为习惯，认真思考自己的人生理想、人生规划，逐步掌握思想政治教育的理论、原理，及时调整自己的生活方式。高校思想政治教育不是孤立的、片面的，而是整体的、有联系性的。在现实生活中，接受思想政治教育的大学生会相互影响。

在这个漫长的过程中，学生可以通过多种多样的方式和方法掌握思想政治教育的内容，思想政治教育时刻围绕在大学生的周围，使其更好地达成思想政治教育的目标要求。虽然时代在变化，但是思想政治教育始终存在于每一代人的思想中，社会中的所有人都需要在思想政治教育的过程中学习积累。教育者会根据时代的要求，选择合适的方法和途径，用不一样的方式、方法进行思想政治教育。教育者通常会选择受教育群体较为容易接受的方式，结合生活经验使受教育者更加容易理解和体会思想政治教育的内容。高校思想政治教育注重大学生思想政治教育的素质培养，同时不断创新教育方法，帮助大学生树立积极健康的人生观和价值观，使大学生思想不断与实际相结合，充分认识自己，促进自身发展。

地域不同，大学生的特点也不一样，要以国家人才培育标准来评价大学生，坚决不能在思想政治教育上采取"一刀切"的方法。大学生由于自身认识程度不同，掌握思想政治教育内容的速度有快有慢。高校在引导大学生掌握和理解思想政治教育时，要采用合适的方法并有针对性地进行。这将是一场持久战，同时思想政治教育还必须不断创新、不断进步，才能满足大学生的实际需求。

（二）基础性

高校思想政治教育是在理论指导实践的基础上，根据大学生成长的特点指导大学生行动的理论基础。在教学过程中，将从实践中总结出来的经验上升为理论思想，指导大学生实践。思想政治教育理论无处不在，在大学生日常生活和学习中、在生活实践的每一个细节中。高校思想政治教育可以保障大学生生活、学习的有序性，是大学生迈向人生舞台的重要基础。行动源于思想，在学习具体学科或生活实践之外，大学生思想政治教育是每个大学生需要认真学习的，是思想心灵上的教育沟通。大学生通过思想政治教育能全面深刻地了解自己、了解社会。

大学生在形成自己的世界观、人生观和价值观的过程中需要思想政治教育的指导和帮助，因此，高校应将思想政治教育融入大学生的生活和学习中。思想政治教育对大学生价值观的形成有很大的影响，在人的大脑中，思想往往是先于行动的，人往往都是先琢磨做什么事，再决定具体的实践方法，而大学生的具体生活实践是以思想政治教育为指导的，思想政治教育能帮助大学生以更好的状态在人生舞台上发挥自身价值，确立适合自己的人生理想，寻找合适自己的方法，更好地发挥自身的潜能。

（三）整体性

通过思想政治教育，大学生能正确地、客观地认识社会现象的本质，在社会中找到适合自己的平台，从而发挥自己的价值。高校思想政治教育包括编纂思想政治教育教材、组织思想政治教育教学和实践活动，以及营造思想政治教育氛围。大学生思想政治教育在高校集体中能取得更好的效果，促使大学生的成长与社会发展的步伐相一致。

高校思想政治教育是一个完整的体系，它指引大学生的身心向着正确方向发展，同时对大学生实际生活中的思想困惑进行答疑。思想政治教育帮助大学生解决学习生活中出现的问题，使大学生能够更好、更快地成长。大学时期是人生观形成的关键时期，因此高校思想政治教育必不可少。

高校思想政治教育涵盖高校内的大学生思想政治教育和大学生家庭及其所处社会环境带来的无形的思想政治教育。所谓"近朱者赤、近墨者黑"，周围的环境相对于大学生个体而言是一个相对完整的世界，大学生的价值观很容易受到环境的影响。社会价值导向及大学生家人的价值观所形成的合力会影响大学生的世界观、人生观和价值观。大学是大学生正式踏入社会工作环境前的一个预热过程，它就像一个小社会，思想政治教育可以在这里帮助大学生培养独立思考能力，逐步走出被动接受思想的状态，客观、正确地认识社会，了解国际发展和我国的社会发展，从国家、世界的高度看问题，但又不脱离实际。

高校思想政治教育需要给大学生的发展提供一个合适的环境，要将社会、家庭及高校各个方面的生活紧密地结合在一起。高校通过授课帮助大学生了解社会实践活动，发现需要改进的地方，并及时告诉大学生如何去做，使其思想向着正确的方向发展；家庭要教会大学生应该怎么去表达自己、如何找准自己的位置；社会方面，大学生通过社会舆论和法律法规得到信息反馈。只有各个层面密切配合，才能塑造大学生价值观。只有这样，社会对大学生的思想政治教育才真正有效，才能将大学生培养成为社会主义事业的接班人。

五、高校思想政治教育的方法

（一）理论与社会实际相结合

高校思想政治教育是面向广大大学生开展的，需要通过了解其生活、学习实践活动，将理论与实际相结合起来，借此提高思想政治教育对大学生的影响力和成效。理论联系实际是大学生思想政治教育的重要因素，应结合新时期大学生的思想动态和学习生活方式，采取有效措施进行高校大学生思想政治教育，这样才能使大学生更容易接受。

高校思想政治教育不能继续以僵化和教条的教育方式进行，应通过了解大学生的兴趣，选择能够启发他们的方式，在大学生的生活和学习中一点点渗透，潜移默化地影响他们的思想。教育者需要时刻关注大学生的生活方式，配合合适的方式、选择合理的载体去教授思想政治教育理论知识，帮助大学生解决人生和思想发展上的问题和困扰，引导大学生形成积极健康的思想道德品质和政治素养。

高校思想政治教育需要深入关注大学生的实际生活，帮助大学生解决实际生活和学习中的问题和困惑，采取更加有效的方式与大学生进行沟通，有针对性地开展丰富的社会实践活动和形式多样的文化交流讲座，进而起到指导作用，最终帮助大学生全面健康地发展。大学生也会产生具有个人特色的问题，这些问题就需要高校思想政治教育针对个体差异、联系实际情况来分类解决，并对大学生的需求进行客观合理的分析，以达到最好的效果。

高校思想政治教育要求在实践中不断提升大学生的思想政治素质，理论教育联系实际生活和学习，充分调动他们的积极性和能动性，使大学生对思想政治教育理论的内涵和精神有更深刻的理解和把握，这样他们才能积极自主地调整自己的生活行为习惯和思考方式，正确选择未来人生方向，同时树立正确的人生观和价值观。

（二）学校教育与家庭教育互相配合

大学生对社会、对人生的看法多少都会受到家庭成员的影响。家庭生活是一个人对社会最开始的认识，家庭生活环境的样子，往往很容易使这个人认为社会就是这个样子，因此，家庭教育对一个人的行为习惯有着深刻的影响。

学生在学校接受教育，逐渐成长为一个能够利用自己所学并对社会有用的人。但很多时候，家庭生活中的一些观念经常与学校的教育发生矛盾，大学生在学习的同时逐渐接触并了解到整个社会的发展状况，由此引发了他们的一些思考，结合学校所学，逐步形成了自己的人生观、价值观。在学校多年的学习生活不仅让大学生学习到了专业知识，还帮助他们形成对社会的认识，使其在进入社会之后能够客观地认识自己和他人，并发挥所学，为自己的生活提供一定的物质保障。

高校思想政治教育引导大学生树立正确的政治观念和思想方法，提升他们的思想政治觉悟，规范他们的言行举止，帮助他们客观理性地分析生活中遇到的各种各样的问题。同时，大学生需要了解社会热点问题，关心国内外形势，关注国家大事，理解国家政策方针，增强社会参与感和归属感，增加国家公民责任与义务的意识，热爱祖国，树立正确的价值观，培养高尚的品格。

大学生要想形成一个完整且正确的价值观，需要家庭教育和学校教育的通力合作。这样一方面可以帮助大学生直面生活和学习中遇到的需要独自解决的问题，引导他们运用自己的智慧解决问题，并能够积极、勇敢地看待社会上的一些不良现象，以及应对一些让人沮丧的挫折等；另一方面可以使大学生的行为得到规范，使他们面对现实时能够勇敢地去克服困难、跨越障碍。

（三）继承与发展相结合

从教学体系层面看，高校思想政治教育是高校教育系统中的一个完整的教学体系，高等学校对大学生人才的培养按照国家统一编写的、正规的课程教材开展，有具体、明确的教育教学管理方案和优秀教师资源的选拔体系。大学生通过马克思主义理论方面课程的学习，能够深刻地掌握和真正地理解马克思主义的思想方法。只有系统、高效地学习理论知识，才能清楚明了地认识和了解社会主义，学习与中国国情相结合的社会主义理论体系的精华部分；只有通过系统的学习才能提高思想政治水平，解决思想上的困惑。

我国在中华人民共和国成立后开始进行思想政治教育，高校思想政治教育源于社会实践的理论思想，在此基础上，教育者不断地进行归纳和总结，并根据社会发展中出现的新元素对原来的思想政治教育进行补充与完善。在理论课程中，符合中国国情和顺应社会历史发展的思想政治教育的很多内容和方法是经过长期的经验积累得来的。

高校思想政治教育借鉴过去的一些思想政治教育的有效方法和手段，将社会发展和学生思想动态发展联系起来，在这些经验积累的基础之上更进一步发展，完善大学生思想政治教育体系，保证思想政治教育的先进性和导向性。

随着改革开放的不断深入，马克思主义在我国受到思想多元化、文化多元化的挑战，社会呈现出一种多元化发展的态势，对此我们要确保主流思想的指导地位。思想发展的根本是要坚持马克思主义思想，但是高校在着重培养大学生的政治素养的同时，应鼓励大学生群体在坚持马克思主义和思想多元化的过程中发展自主创新能力。

高校思想政治教育体系要想具有强大的生命力，需要在不同时期的国情和社会背景下不断改进，使其不断完善，这需要一个开放的、不断向前发展的教育体系。只有这样，思想政治教育才能随着时间的推移而不断发展、前进，才能更加有效地对大学生思想起到影响作用，使其不断地开拓创新。高校思想政治教育科学的教育体系是不断地从社会发展中总结宝贵的经验教训，所以，归纳总结出的思想政治教育的规律和特征具有一定的科学性。高校思想政治教育根据具体的实践情况，需要对思想政治教育的方式、方法进行不断调整，直到适合大学生教育为止。高校的教育环境只有能真正使大学生自由全面地发展，才能较好地完成给国家输送高质量、高素质人才的任务。

第三节　高校思想政治教育的理论探析

一、社会存在和社会意识的辩证关系原理

马克思主义提出，社会存在是第一位的，社会意识排在第二位，社会存在是社会意识的反映，社会意识由社会存在决定，并对社会存在有反作用。与此同时，社会意识是相对独立的，又具有其独特的发展规律和存在方式，这种相对独立性使得社会意识不完全同步于社会发展。这就要求我们不能否定形而上学理论，而一味地赞同社会存在；也不能忽视社会的存在，被唯心主义所迷惑。我们要充分认识到社会存在的决定性作用，更要认识到社会意识的能动作用，看到其具有相对独立性的一面。

思想政治教育存在于社会意识领域，也隶属于上层建筑的范畴，它是一种社会实践活动，是人类从出现国家和阶级以后长期坚持开展的。不断发展变化的社会现实是思想政治教育时代性的方法、目标和内容的来源，同时为社会现实服务。要想使其推动经济社会不断向前发展，就要让思想政治教育时代性的内容和目标保持高度一致，一旦与社会存在的发展相反，必将阻碍经济社会的发展。

马克思主义指出，理论和实践是密不可分的，两者之间不可分割、相互影响。理论来源于实践但又高于实践，同时对实践有很好的指导作用，要想更好地进行实践，需要通过实践进行检验，并有理论的支撑。只有让实践和理论相互结合，用实践发展理论，用理论指导实践，并检验理论的正确性，以实践的基础创造出更新的理论，才能靠正确的理论不断推进实践的发展。理论联系实际，一切从实际出发，在实践中检验真理和发展真理，是党的思想路线。只有进一步解放思想，打破旧思想的牢笼，扫除认识上的障碍，才能从真正意义上坚持党的思想路线，才能真正实现实事求是、与时俱进。与时俱进是马克思主义的本质特征，马克思主义时代化的新要求是将马克思主义和不断发展的时代密切结合起来，因此，理论和实际相结合的内在要求是马克思主义时代化的体现。

二、思想政治教育时代性概述

马克思、恩格斯的经典论著中最早出现了关于思想政治教育时代性的理论，之后有很

多文章中涉及了思想政治教育时代性的思想，归纳起来，主要表现在以下几个方面。

（一）时代的划分依据

马克思明确指出，时代划分的依据是生产方式，这是以历史唯物主义的原理作为出发点。换言之，一个时代区别于其他时代的根本性指标，是利用劳动资料将产品生产出来的特定生产方式，而非产品本身。在马克思和恩格斯看来，若想形成一个新的时代，不改变生产方式，只是提高生产效率，以此来增加产品"量"，是无法实现的。一个新的时代的诞生，是社会关系的改革在生产方式上有了质的变化，产生了新的生产工具。比如，网络催生一个时代的关键在于人们利用网络的方式，若网络不能成为劳动资料，而仅仅是进行休闲、娱乐和消遣，那么新的网络时代将无法诞生。网络成为劳动资料的前提是它成为人们改造世界的工具，是生产方式上的革新，从这个层面上说，其合理性在"网络社会"（网络时代）、"信息社会"（信息时代）这两个概念上必将有自己的展现，因为信息和网络是劳动资料的创新。社会发展过程中最根本的矛盾是生产力与生产关系的矛盾，这构成了生产方式的时代差异，实际上社会其他矛盾的表现形式受制于基本矛盾。

（二）时代性是认识世界与改变世界的前提

辩证法的观点是用发展的眼光看待问题。正如在《反杜林论》中恩格斯所说的那样，"当我们深思熟虑地考察自然界或人类历史或我们自己的精神活动的时候，首先呈现在我们眼前的，是一幅由种种联系和相互作用无穷无尽地交织起来的画面，其中没有任何东西是不动的和不变的，而是一切都在运动、变化、生成和消逝"。

我们看待世界的眼光应当是发展的，因为世界一直在不停地变化，人类作为实践的主体，是站在时代的视角上去认识世界的，而时代性的"普照光"作用被恩格斯清楚地论述了，"我们只能在我们时代的条件下进行认识，而且这些条件达到什么程度，我们便认识到什么程度"。

马克思认为，"人们自己创造自己的历史，但是他们并不是随心所欲地创造，并不是在他们自己选定的条件下创造，而是在直接碰到的、既定的、从过去承继下来的条件下创造"。换言之，历史的时代性会继续发生作用，而人类认识客观世界、改造客观世界将被当前的时代性所阻碍。

（三）思想政治教育的时代性理论

在各个时期马克思主义经典作家的著作中都分布着关于思想政治教育时代性的思想，可以概括为两方面的内容。

1. 关于思想发展的现实基础

要想顺利有效地进行思想政治教育工作，基础和前提是分析研究人们思想观念的形成与变化。我们先要弄清楚思想观念形成与变化的原因。马克思和恩格斯从物质性的角度分析人们思想观念变化的原因，马克思指出："人们的观念、观点和概念，即人们的意识，随着人们的生活条件、人们的社会关系、人们的社会存在的改变而改变。"恩格斯也明确指出："人们自觉地或不自觉地，归根到底总是从他们阶级地位所依据的实际关系中——从他们进行生产和交换的经济关系中，获得自己的伦理观念。"

换句话说，人们的思想观念在不同的时代具有差异性，历史唯物主义认为物质具有"决定性"的作用，社会意识的变化是社会存在的变化所导致的，是由人们的社会存在、社会关系和生活条件存在的差异性决定的。

2. 思想政治教育时代性的方法论

马克思主义经典作家在实践中进行具体的理论宣传工作时，指出思想政治教育时代性的方法论。恩格斯写的一本纯学术性著作《社会主义从空想到科学的发展》，在当时被当作宣传性著作出版，1882年在该著作德文版的序言中，恩格斯明确指出要调整内容，用来适应人们的时代性需要。他指出："这一著作原本不是为了直接在群众中进行宣传而写的。这样一种纯学术性的著作怎样才能适用于直接的宣传呢？在形式和内容上需要做些什么修改呢？"

恩格斯认为，为了适用于直接的宣传、为了便于工人的理解，在形式方面需要将"一切不必要的外来语删去"。可以看出，教育对象的时代性生活特征是恩格斯调整宣传内容的主要方面，表明了其紧扣思想政治教育的出发点和落脚点。

所以，马克思主义的时代观是我国高校思想政治教育研究时代性问题的重要理论支撑。马克思主义的时代问题不仅是最基本的理论问题，还是世界政治最基本的实践问题。马克思主义时代观具有显著的特点：

第一，具有社会阶级性。马克思主义认为，至今一切社会的历史（有文字记载的历史）都是阶级斗争的历史，在阶级社会里，阶级性是其区别其他时代观的重要特征，阶级关系是生产关系的核心内涵。

第二，具有实践性。马克思主义认识论的基本原则和重要观点是：时代既是理论概念，又是实践概念，理论与实践相结合，两者相互影响，理论可以用来指导实践，实践可以成为理论的验证。

随着时代的变化，马克思主义时代观也被不同时代的马克思主义者继承和发展，并推进到一个又一个新的阶段。所以，要对当今时代性质进行研究，就要研究当今世界发展中的新问题和新现象，并以马克思主义时代观为指导，但是不能以马克思主义为全部准则，不能在坚持马克思主义的方法和立场的同时，将前人得出的片面的结论教条主义地、机械地运用到当今社会。

新问题和新情况总是不断出现，作为统治阶级统治国家的工具，思想政治教育一定要被正确认识和看待。思想政治教育要将马克思主义理论作为指导思想，充分运用马克思主义阶级的观点和历史的观点发展新的时代观。

第二章　新时期高校大学生思想政治教育

本章主要讲述新时期大学生思想政治教育，主要介绍了三个方面的内容，依次是志愿服务教育与大学生思想政治教育、职业生涯教育与大学生思想政治教育、中华传统文化与大学生思想政治教育。

第一节　志愿服务教育与大学生思想政治教育

志愿服务的兴起是我国社会事业发展到一定阶段的积极表现，高校大学生成为志愿者队伍的中坚力量，也是志愿服务事业可持续性发展的内在要求。

高校大学生志愿服务与一般的志愿服务有何不同、其表现出怎样的特征、涉及哪些领域是我们把握高校大学生志愿服务的基础性问题。概念总是先于理解，若概念模糊，理解自然不准确。因此只有从理解志愿服务的相关概念出发，概括高校大学生志愿活动的特征、类型，并在理论溯源的基础上阐明新时代鼓励、支持高校大学生志愿服务的合理性，方可确立研究论点。

一、相关概念界定

要理解高校大学生志愿服务，就要从与其相关的概念入手，明确各概念的内涵与外延，理解其在不同时代表达的含义，特别要对志愿精神与志愿服务的相关性进行解读。同时，通过概念内涵的区分，确定志愿服务与高校大学生志愿服务之间的异同所在。

（一）志愿精神

"精神"与"物质"相对，唯物主义视其为"意识"的同义概念，包括意识、思维、情感等有意识的内容和其他无意识的内容，以及一些心理活动，是人内心世界的表现。黑格尔说"当理性确信其自身即是一切实在这一确定性上升为真理性，亦即理性已意识到它的自身即是它的世界、它的世界即是它的自身时，理性就成了精神。"黑格尔理解的精神是理性的个体化，从而演变为自身世界的结果，所以精神既具有理论性也具有实践性。精神是运动的而非静态化存在的，是自我发展、自我复归、自我运动的辩证过程。

我国将志愿精神的内涵集中表述为：奉献、友爱、互助、进步。志愿精神根本上是相互关爱、互帮互助、奉献社会的自觉意识与精神理念，表达不求回报、自愿付出的高尚精神；无差别、平等爱人的大爱精神；助人自助、相互帮助的互助精神；自我提升与社会发展相统一的进步精神。它是志愿服务的灵魂与核心，是其持续开展的精神动力。高校大学生志愿服务既以志愿精神作为精神指引，同时也在发展中积极弘扬着志愿精神。

（二）志愿服务

志愿一词，源于拉丁文 Valoh 或 Velle，本意为决心、希望、渴望。

中文里的志愿是由"志"和"愿"两个独立的字构成的，因此其含义包括两层，一是志向和愿望，二是期望和愿意，其在志愿服务中都有所体现。志愿服务在人类社会的起源较早，以往任何社会形态里都存在互帮互助的活动，乐于助人是中华民族的优良传统之一。但事实上，最初的互助活动表现为帮助相对处于弱势地位的人，简言之就是扶贫济弱，重在"施予"，更多被称为慈善行为。现代意义上的志愿服务是延续助人、利他的优良传统，结合新的时代要求而发展的一项重要事业，根本上来说是一种利他行为，表现为人们一段时间内在公共而非私人的场合，不计报酬、自愿地为社会、为他人奉献个人的专业知识和时间，以帮助他人实现各自所需。其内涵更为丰富，不只关注志愿者对人的帮助，更加凸显了志愿者为社会提供的公共服务对促进人类社会进步、国家团结稳定及个体成长发挥的积极作用。尽管上述对志愿服务的界定不尽相同，但表达的基本精神具有一致性，即均强调利他、奉献、无偿，以及结果的公益性、有效性。因此可以将志愿服务理解为：任何自然人、志愿服务组织和其他组织在不为物质报酬、名誉或其他利益的前提下，本着利他的原则，为促进社会和谐、进步、发展，增进人类福祉，提升自我而自愿地奉献时间、技能、精力或其他资源的行为。其基本特征是无偿性、自愿性、公益性，按不同的标准可划分为多种类型。志愿服务本质上是一种劳动，由于参与主体是出于自由意愿，不受外在限制，因此这种劳动可以看作是对异化劳动的积极扬弃。

（三）高校大学生志愿服务

如前所述，志愿服务是任何自然人、志愿服务组织和其他组织在不为物质报酬、名誉或其他利益的前提下，本着利他的原则，为促进社会和谐、进步、发展，增进人类福祉，提升自我而自愿地奉献时间、技能、精力或其他资源的行为。那么高校大学生志愿服务显然是以高校大学生为参与主体的。教育部印发的《学生志愿服务管理暂行办法》中提到：

"学生志愿服务，是指学生不以获得报酬为目的，自愿奉献智力、体力、技能等，帮助他人、服务社会的公益行为。"高校大学生组织的志愿服务实践，是促进社会发展及高校大学生成长的过程。相关界定都强调高校大学生的主体地位，同时指明了高校大学生在参与志愿服务时要更多地奉献自己的知识与技能。也有人强调高校大学生志愿服务的组织性。

高校大学生志愿服务活动是高校大学生思想政治教育的生动实践，也是促进高校大学生成长成才的有效途径。组织好、开展好高校大学生志愿服务，是实现高校大学生个人价值、社会价值、人生价值的重要实践，也是推动建设文明校园、构建社会和谐、践行社会主义核心价值观的重要渠道。

二、大学生志愿服务的类型

（一）长期稳定型

从时间上来看，这一类型的志愿服务持续时间较长，属于经常性、连续性开展的志愿服务，一年一次或一年几次，年年连续而不间断，因而更具有稳定性。同时，志愿服务的对象面向社会大众，以提供公共服务的形式惠及广大社会成员，故称为长期稳定型的公共服务类志愿服务。

（二）突发即时型

从时间上看，这类志愿服务持续时间较短，属于暂时性的服务，强调即时性，多为应对重大突发公共事件时发起、组织的志愿服务，通过迅速协调配置组织起来的人力、物力资源，达到防范化解风险与危机的效果。重大紧急事件的爆发会极大地激励社会公益行为和大众性志愿服务。突发公共事件具有突发性、群体性、危害性的特征，涉及面广，影响力大，一般指会对人民生活、社会秩序、公共安全产生巨大影响甚至引发危机的紧急事件，包括自然灾害、安全事故及其他具有破坏性的事件。突发事件的应急管理对稳定社会秩序、维护人民安全至关重要，因此即时性志愿服务也就不可或缺。而当祖国和人民面临危机时，高校大学生志愿者也可以即刻参与到应急救援服务中。

（三）应需活动型

这类志愿服务源自国家、社会及特定群体或组织的活动需要，从时间上看，其服务时长取决于活动周期的长短。参与者的任务在于配合活动顺利进行、圆满完成，是志愿者以自身的知识、技能提供帮扶、支持的志愿服务，灵活性较强。

（四）特定项目型

这类志愿服务突出的主要特征在于项目化，因项目运行的时间差异，志愿服务的时长也不尽相同。志愿服务项目既可以是切实贯彻国家决策部署的选择，也可以是特定组织结合现实需要所发起的。以特定项目的形式开展的志愿服务，以特定的志愿者群体为主体，其结果也会有特定的受益群体。

三、大学生志愿服务与思想政治教育的关联

（一）适应了思想政治教育的创新发展需要

思想政治教育的创新发展是参照传统思想政治教育，以现代思想政治教育为指向，促进其教育内容、观念、方法、体制等方面的现代化。社会现代化要求"传统人"向"现代人"进行转换，要求价值观念、精神状态、行为方式彰显现代特质，这势必需要思想政治教育的现代化发展。高校大学生志愿服务与思想政治教育的共通性表明其与思想政治教育具有交叉、重合的地方，基于这点，二者在发展过程中会产生积极的互动，相互促进，提供发展动力。志愿服务以其实践性、广泛性吸引社会成员参与、认可社会服务事业，实际上适应了思想政治教育的发展需要，助力实现思想政治教育目标。

1. 思想政治教育内容优化的需要

思想政治教育内容指教育者依据社会要求，期望传递于教育对象的具有思想、政治、价值引导性的信息，决定着思想政治教育的方法与载体的选择。多元、开放的文化生态下，不同来源、不同立场甚至不同背景的文化观念在中国相遇，便会引发文化同一性与文化差异性的冲突和矛盾，引起社会成员间价值观念的交锋。为应对思想观念的冲突、博弈，思想政治教育需要优化内容结构，高校大学生志愿服务既可以为其增添新的内容元素，又可以促进既有内容的层次化表达。

2. 思想政治教育方法协调的需要

思想政治教育的方法选择、运用、创新关系到思想政治教育目标的实现，对思想政治教育而言，不仅要提出教育任务、教育目标，更要有效地解决教育方法的问题，没有方法的选择与设计，任务与目标就无法落地。复杂的社会条件下，教育对象的思想行为主要特征及思想道德实际呈现层次化、复杂化、不稳定等特征，思想政治教育面对的内外部环境急剧变化，效果欠佳的表现时而可见，迫切需要协调运用多种方法以有效地达到预期效果，而高校大学生志愿服务不失为好的选择。

（二）为大学生志愿服务提供重要支撑

思想政治教育不仅面向人，更面向社会。其与社会各系统、业务工作的互动关系表现为：一是服从一定社会政治、经济、文化发展的要求，二是服务于社会的经济、政治、文化。促进政治、文化、经济的发展是思想政治教育的基本职责。高校大学生志愿服务是一

项重要的社会事业，但其不能自己决定发展方向，要实现可持续性发展，必须与其他各项事业同向而行，这一方向的指引则要靠思想政治教育。同时，高校大学生志愿服务发展的关键在于人的积极有为、在于人的支持认同，思想政治教育能作用于人，充分调动人的积极因素。所以，思想政治教育为志愿服务提供了重要支持。

1. 引导高校大学生志愿服务的发展方向

引导高校大学生志愿服务的方向是思想政治教育意识形态性、目的性的鲜明体现。政治工作和思想工作，是完成技术工作、经济工作的保证，它们服务于经济基础服务。思想和政治是灵魂，也是统帅。因为一切工作本不具有阶级性，但其与生产关系、上层建筑相连时，发展方向的重要性就凸显出来了。

志愿服务属于全世界共同的精神财富，但各国的志愿服务反映了各国特有的传统文化、社会制度、发展阶段及其主要特征。高校大学生志愿服务是中国特色志愿服务事业的重要构成，这一本土化、特色化志愿服务的发展离不开思想政治教育的方向指引。

2. 培育高校大学生服务社会的价值追求

新时代下，高校大学生志愿服务已被纳入国家发展战略及社会发展规划，其服务社会需要的责任日益凸显。功利化、形式化的志愿服务对高校大学生无持久的吸引力，其本身也不具生命力。思想政治教育能引导高校大学生端正思想、厘清人与社会的依存关系、自觉将服务社会作为价值追求，而这就为高校大学生志愿服务培育了源源不断的高校大学生志愿者力量，由此可促进其持续健康地发展，增强吸引力、生命力，进而吸纳更多热心奉献的高校大学生有序参与。

3. 涵养社会个体的积极道德情感

高校大学生志愿服务以不同群体为关怀对象，延伸道德关怀边界至除个人之外的其他群体及整个社会，彰显了社会道德指向，是一种公共生活中的道德行为。高校大学生志愿服务的公共性，决定了它需要获得除高校大学生志愿者外的社会个体的认可、支持。其根源于人自身内在精神需要的道德情感，始终维系着道德意向，促使我们不断地去践履道德法则。当前社会中不乏在认知上明了道德、在情感上漠视道德、在行动上排斥道德的人，所以培育社会个体的积极道德情感、消解道德冷漠感，才能为高校大学生志愿服务赢得社会支持。思想政治教育能通过弘扬主旋律、引导舆论走向，从而感化社会个体的心灵、陶冶其积极的道德情感。

四、发挥思想政治教育功能存在的问题

（一）价值取向上的育人理念尚未充分体现

作为一种利他行为，志愿服务表达着人们服务他人、奉献社会的崇高精神追求，价值

取向上尊崇助人为先。最初志愿服务的兴起源自帮助困难群体摆脱困境的实际需要。丁时照曾称赞广大志愿者、义工联理事会统筹志愿服务，以不同形式展开特困人士服务、专业技术服务、青少年服务，支援、帮助有不同需求的群体、个人，让爱心落到实处。从传统的慈善互助行为到现代志愿服务等组织化的公益行动，都蕴含助人的根本目的，为的是有效地解决社会问题、帮助困难群体、改善民生。但同时我们也看到，志愿者的身影不单单活跃在民生领域，不只服务于困难群体，也在生态环保、大型活动中大放异彩，高校大学生志愿者更是涉足教育、卫生、生态、应急救援、国际事务等服务活动。因此，对志愿服务的认识要随着社会存在的变化而变化，特别是对高校大学生志愿服务的认识，一定要从助人功能转向其在育人层面的重要价值。高校大学生本就是重要的受教育群体，是社会主义建设者和接班人，对其的教育引导一刻也不能放松。因此，高校大学生参与志愿服务自然不能只是"走马观花"似的单纯提供服务，而应将服务与教育相统一。

（二）活动规划中未充分考虑主客体特征

从人类认识和实践的角度看，只有人才是唯一的、终极的主体。马克思强调，真正的唯物主义是要坚持从人的实践出发，从主体的角度去认识、改造世界。但事实上，主体与客体是对立统一的，没有客体，也就无法形成主体的客观认识。因此，人的实践一定是主客体相统一的能动性实践，把握主客体的特征才能发挥主客体作用，以完整、有效的实践活动实现预期目标。高校大学生志愿服务是主客体有机统一的社会实践，其主体是提供服务的志愿者及相关工作人员，如志愿者、志愿服务组织者等。高校大学生志愿服务的客体指相对于上述主体而言的服务对象，以及志愿服务活动等客观性存在。将服务对象视为客体并非否定他的主体性，而是以服务活动为基本情景，从提供服务者的主动性、主导性特征的角度，将其当作提供服务者的认识对象。主客体相互转换的原理表明没有永恒的、绝对的主客体区分，因此将服务对象视为客体只是为了更好地把握其与主体不同的特征。"人类实践的'成功'证明我们的表象与我们所感知事物的客观本性相符。"成功的志愿服务应当是满足服务者、服务对象现实需求的有效实践，因而对主客体特征的全面、综合性认识自然是前提性条件。

（三）缺乏对高校大学生志愿服务的理论研究

自 2008 年奥运会的志愿服务后，各类志愿服务如雨后春笋般蓬勃兴起，高校大学生志愿服务逐渐成为中国特色志愿服务的亮点、焦点，较之其他类别的志愿服务，它显得与众不同。由于高校大学生群体具有自身思想行为多元多变、价值观尚未定型的特征，他们参与志愿服务的方式、时间等与一般志愿者自然不同。因此高校大学生开展的志愿服务具有更多的复杂性、易变性。同时，作为发展时间尚不久远的一类志愿服务，仍有很多亟待关注、有效解决的问题。内外部多变的环境也需要我们深化对高校大学生志愿服务的理性认知，研究其发展规律，从理论层面对高校大学生的服务实践予以指导。理论与实践统一的原则要求我们要根据实践发展和时代变化，总结经验，不断深化认识，从而促进实践创新和理论创新的良性互动。因此，只有高校大学生志愿服务的理论研究与实践发展相辅相成，才能最大限度地发挥功能。

（四）思想引导不足

人与社会环境是相互交融的，人不能消除环境对其的影响。社会大众为何没有全力支持高校大学生志愿服务、赞赏高校大学生志愿者的积极表现？高校大学生又为何不能持续性参与志愿服务活动，在其中发光发热呢？这与主体本身对高校大学生志愿服务的看法有关，对其无知、一知半解、错误认知都将阻碍他们理解、认同、参与高校大学生志愿服务。实际上，志愿服务蓬勃发展的态势与其教育宣传力度并未匹配，存在宣传跟不上实践发展节奏的问题，对高校大学生志愿服务信息的传播相对滞后，未形成主流引导，于是其重要性未能彰显，感召力仍然不足。

（五）活动激励有待提升

志愿服务保障的目的在于保障志愿者的基本权益，有效地解决服务对象所需，增强志愿服务实际效益。由于志愿服务本身的公益性、无偿性、自愿性特征，其不以营利为目的，所以仅靠组织内部成员支持难以维持生存发展。对高校大学生志愿服务而言，高校大学生自身阅历与能力的限制急需外部的社会支持予以帮助、指导，从而激励其持续参与、热心参与、有效参与。但当前对高校大学生志愿者及其服务活动的保障相对不足，物质支持力度小，法制保障尚不健全，考核激励仍需完善。致使高校大学生志愿服务缺少必要的激励，其功能、价值发挥受限，活动效能仍未落到实处。

五、促进大学生志愿服务发挥思想政治教育功能的路径

（一）提高思想认识

1. 坚持助人与育人相统一

生产劳动、社会实践与教育相结合，是现代社会发展规律、现代教育规律的客观要求，也是马克思主义教育学说所强调的教育要求。高校大学生开展的志愿活动无疑是这一结合形式的典型代表，对高校大学生而言实现了服务实践与学习教育相统一；对服务对象而言实现了受助与受教育的统一；对整个社会而言可引导文明风尚、弘扬真善美。现实中割裂助人与育人的做法所致的不良后果告诫我们要坚持二合一的价值取向，科学把握高校大学生志愿服务的功能定位。

2. 以主客体特征为前提优化发展规划

随着社会的进步发展及社会各界对高校大学生志愿服务的关注支持，高校大学生志愿组织日益增多，活动数量显著提升，但优与劣、精与糙共存的现象要求我们改进不足，扬长避短。有的志愿者有事做不完、有的志愿服务组织无事可做，这反映出志愿服务需求与供给的差异，也暴露出志愿服务规划不足的弊病。因此，要完善高校大学生志愿服务的发展规划，促使其向制度化、规范化发展，切实贯彻育人职责。

3. 加强志愿服务的思想政治教育功能研究

不断总结经验、深化认识，促进实践创新与理论创新的良性互动，才能促进志愿服务在理论指导下走内涵式发展道路。高校大学生志愿服务与中国的救济互助等传统一脉相承，得益于马克思主义理论、中国共产党实践育人思想的指引，也借鉴了西方国家的有益经验。实践必然离不开理论的科学指导，更好地发挥高校大学生志愿服务的思想政治教育功能，需要我们从理论层面深化研究，总结规律，为功能发挥探索新思路、新方法。

（二）深化志愿服务宣传教育

高校大学生参与志愿服务所发挥的积极作用已通过各类活动的实际效益体现出来，但现存的对其片面、错误的认识仍然成为阻碍社会大众认可、支持高校大学生志愿服务的消极因子。因此需加强志愿服务宣传引导，营造健康积极的舆论氛围，凝聚共识。对此，各媒体承担着重要的职责，应当"守土有责、守土尽责"，传播正能量；同时，高校要切实贯彻立德树人的职责，从教育层面强化思想引领。

1. 弘扬宣传志愿服务精神

志愿服务精神是志愿服务核心要义的凝练表达，昭示着人类的美好愿景。在现代社会中，志愿精神是一种不求回报与私利的社会理念，其作为精神性的存在，能够充盈精神世界、凝聚人心。这种彰显善与爱的理念理应得到弘扬，它关乎高校大学生志愿服务价值认同的建构、关乎志愿者服务热情的激发与保持，因为精神的力量最持久、最坚定。虽然对志愿精神的弘扬从未间断，但有待加强，需从细处、深处着手，真正使其深入人心。

2. 推广志愿服务先进经验

高校大学生志愿服务在各地区各高校的发展不尽相同，其在差异的基础上形成各自的特色、优势，促进高校大学生志愿服务的协同、有序发展。需要加强地区间、高校间的志愿服务交流借鉴，坚持互补促进原则，推介成功的高校大学生志愿服务项目与先进经验，推动形成具有中国特色、立体化的志愿服务体系。

3. 强化志愿服务动机引导

志愿服务动机对志愿行为具有重要影响，是主体与志愿行为之间的中介。不同个体做出类似的志愿行为证明：志愿服务满足了志愿者不同的动机需求，其对行为的产生具有指引、激活、导向作用。自利、利他动机自然诱发不同的主体行为，志愿服务是利他的慈善行为，却也对志愿者自身产生积极影响，可以说是利己与利他相统一的社会实践。针对高校大学生正向动机与功利动机并存的现象，需强化对高校大学生的动机引导，动员高校大学生群体积极、持续地参与志愿服务。

（三）完善志愿服务管理体制

没有规矩，不成方圆，志愿服务管理对志愿者、志愿服务组织极其重要。完善高校大学生志愿服务管理的目的在于鼓励志愿者高效、积极地投入组织工作，提高志愿服务整体工作质量，帮助志愿者发展进步。为使高校大学生志愿者自我锻炼、自我管理、自我服务之诉求得以满足，为充分发挥志愿服务对高校大学生的教育影响，需强化各环节管理，激励其行为习惯的养成与转变。

1. 规范招募标准

思想态度端正、政治立场坚定是对每个公民的基本要求。作为一名志愿者，更应坚守奉献、服务的初心，将志愿服务视为个人的责任、义务积极参与。为避免"假志愿者"流入志愿服务的行列，而影响志愿服务成效，就需严格考查高校大学生志愿者的思想政治素质，选择认同主流意识形态、具备积极社会心态的爱心人士补充到高校大学生志愿服务的队伍。

2. 充实培训内容

志愿服务培训对高校大学生志愿者的意义在于为其传授、讲解完成志愿工作所需的知识、技能、能力和态度，协助志愿者提供专业服务，贴近服务对象之需求。除志愿服务组织有意识地向志愿者提供必要的培训外，大部分高校大学生渴望通过组织、团队的培训获得知识、技能的提升，所以培训对于高校大学生志愿者而言，既是储备服务技能的过程，也是自我提升的过程。为充分满足高校大学生志愿者自我提升的诉求，同时提高其志愿服务质量与水平，急需充实志愿服务培训的内容。

第二节　职业生涯教育与大学生思想政治教育

一、职业生涯教育和思想政治教育相融合的重要性

（一）帮助大学生树立正确的就业观

职业生涯教育的主要目标就是帮助高校大学生科学定位，并根据自身的实际能力及兴

趣爱好等为自己规划出清晰的职业方向，防止在就业或者择业的过程中出现盲目或者懈怠等情绪。将思想政治教育与其相融合，能够引导高校大学生及时反思自身的能力和水平，并从社会需求、就业竞争等方面出发，对自我规划有清晰的定位和目标，并从思想认知的层面树立正确的就业观，以积极向上、更加成熟的心态投身到社会中，为祖国的现代化建设贡献力量。

（二）帮助大学生明确就业目标

在传统的高校教学中过于重视对学生理论知识的讲解和考核，忽视了学生的实践应用能力及综合素质等，导致学生步入社会之后无法将理论知识灵活地应用到工作岗位中。将思想政治教育融入职业生涯教育，可以提高学生的思想意识及政治意识，引导学生端正行为习惯，养成良好的职业素养及政治素养，为以后的职业生涯奠定良好的基础，并完善就业导向，从而在职业生涯中发挥最大的价值。

（三）帮助大学生明确社会职责

职业生涯教育不仅仅为学生提供就业指导，同时还可以让学生更好地融入社会建设中。通过思想政治教育和职业生涯规划教育的有效渗透，使得高校大学生对未来职业的规划更加科学化与合理化，并能够制定适合的发展目标，进一步明确社会职责，极大地激励高校大学生努力奋斗，鼓励高校大学生以饱满的热情融入工作中，强化了高校大学生的奉献精神，促进高校大学生实现全面发展。

（四）强化学生的自我规划能力

近几年互联网技术发展迅猛，各类网络媒体蓬勃发展，高校大学生已经成为网络时代的主力军，但与此同时，我们也看到了网络的普及带来的新问题。高校大学生通过网络能够获取各类信息，可以使用网络进行学习，同时智能手机的娱乐功能越来越强大，学生的个性化特征也是越来越明显。高校大学生精力旺盛、好奇心重，容易受到网络上各类娱乐的诱惑，每天过长的上网时间已经影响到了学习，简而言之就是学生的自我控制能力和规划能力较差。在职业生涯教育中加入思想政治教育，可以让学生学会正确认识自我优缺点，对自我进行科学判断，培养正确的认知力，促使学生合理规划职业发展，帮助学生积极主动地参与到职业规划中，学会制定符合自身发展的职业目标，找到一条符合自己的个性化发展道路。只要懂得评估自我价值在社会发展中应该发挥怎样的作用，学生就会合理控制网络娱乐的时间，将更多精力用在职业发展上，利用网络学习职业所需的知识和技能。

二、职业生涯教育与思想政治教育相融合的现状

在日益激烈的社会竞争中，职业规划教育发挥了十分重要的作用。其为学生提供了清

晰的就业规划，防止了学生的盲目性；同时在企业的高要求下，增强学生的思想政治教育，更有助于提升高校大学生的竞争实力。虽然目前很多高校都意识到职业生涯规划与思想政治教育相融合的重要性，并开展了多种形式的融合教学活动，满足了学生对职业发展，以及心理、思想、情感等方面综合发展的需要，但是在日常的教学中仍然存在不足之处。首先，部分高校将精力放在学生就业率和升学率的提升上，过于注重对学生专业理论方面的培养，但对学生的思想素质和政治素养方面的培养有所忽视，职业生涯规划教育与思想政治教育的融合性还不够高，两者之间难以形成有效的渗透，很多教师缺少清晰的融合目标；其次，在职业生涯规划中，对思想政治内容的渗透还停留在表面，不够深入，导致学生对思想政治学习的积极性不高，甚至部分学生存在错误的认知，认为在大学期间掌握专业知识和技术技能就能找到好工作，忽视了对思想政治课程的学习。

除此之外，目前很多高校并没有制订完善的思想政治教学与职业生涯教学融合的教学体系，对学生的职业发展档案的管理还不够全面。在构建教学体系时，并没有结合现阶段企业和市场对学生的需求，学校与企业、社会之间的协作性不强，导致了教学体系不科学、不合理的现象出现。此外，在职业生涯教育和思想政治教育融合的过程中，缺少多元化的实践教学活动，大多数教师将其停留在理论层面中，设置的实践活动较少，教学的氛围比较沉闷，学生的学习热情也不够高涨，因而就会影响教学效率的整体提升。

在职业生涯教育中，教师需要引导学生亲身感受工作岗位的环境和氛围，积极地与其他同事配合，搭建和谐、温馨、稳定的同事关系，这样才能够发挥出最大的价值，实现个人的目标，但是由于校企合作还不够深入，学生的实践活动和实训内容相对比较狭窄，因此就会影响到思想政治教育和职业生涯教育融合的效率；加上教师在教学中与学生的互动比较少，对学生的心理特征，专业技能及兴趣爱好等方面还不够了解，因此设置的教学方式与学生的成长和发展不适应，反而会影响到教学效果的最大化，在思想政治教育和职业生涯教育中，如果难以展现出学生的主体意识，就很难提升融合的效率。

三、大学生职业生涯教育与思想政治教育融合育人的途径

（一）加强思想政治教育

（1）要让高校职业规划教育工作者对思想政治教育的作用有深刻的理解，并融入日常具体工作中。

（2）要将融合新理念贯穿教学和管理全过程，不仅要求高校大学生职业生涯规划教育工作者要具备融合理念，其他的高校教育工作者也都应树立这一新理念。要将融合理念融入开学教育、职业规划、主题班会、专业教学等各个方面，在开学就要引导学生树立远大理想，通过主题班会教育学生把个人奋斗目标和社会发展联系在一起，专业教育更要把学生的职业发展和国家、社会的发展相互融合，充分体现思想政治教育的协同育人作用，最

终实现育人的全过程覆盖。

（二）完善高校教学工作制度

在传统的高校职业生涯教学中，教师的教学思路及教学方式都比较陈旧，很多教师会在课堂上对学生进行灌输式的理论讲解，阻碍了思想政治教育和职业生涯教育的相互融合。高校需要按照学生的实际情况及专业特色等，构建完善的教学制度，促进两者之间的高度融合。举个例子，为学生构建职业发展档案，将学生的教育经历、专业素质、实践能力及奖惩情况等记录下来。学生构建职业发展方向时，就可以对自身有全面的了解，使职业发展计划更完善。

此外，高校还应该为学生提供丰富的职业规划活动，或者邀请企业骨干、专家等为学生开展职业指导专项讲座等；还可以通过职业规划大赛、创新创业大赛、模拟面试等活动，充分调动学生的积极性，增强学生的职业自信，进而收获更多的职业经验；从竞赛和模拟活动中，引导学生积极分析自身的不足，进而积极纠正错误的思想认识，全面提升学生的综合素质。

创新创业已经成为时代的主题，在职业生涯教育的过程中，渗透思想政治教育的内容，就需要引导高校大学生积极创新，主动创业，实现自我价值，为我国的现代化建设提供更大的动力；同时高校还需要为学生提供更多的创新平台和创业扶持，并通过创业咨询、创业孵化等形式，充分调动高校大学生的创业积极性。在职业生涯教育中，教师要及时与学生进行交流，明确学生在职业规划中存在的问题，并从学生的思想观念、意识形态等方面，纠正学生错误的认知，让学生能够明确职业生涯规划的重要价值，并提升自我认知，展开自我管理和自我约束，提升高校大学生的自控能力。

（三）强化沟通机制

想要实现高校大学生职业生涯教育与思想政治教育的有效融合，就要进一步完善沟通机制。只有实现了有效沟通，做到充分沟通，教育工作者才能及时发现融合工作的开展中存在的问题，促使教育工作者进一步完善教育教学方案，弥补现有教育方法中存在的不足，让高校大学生职业生涯和思想政治教育教学水平不断提高。

完善沟通机制，一是要建立学生与教师之间的良好沟通关系，教师要掌握更加全面的业务知识，为学生创设出良好的职业规划教育场景，运用思想政治教育手段弥补职业生涯教育的不足。教师不仅要教导学生正确评估个人实际情况，而且要因生而异，了解学生个体之间的差异，指导学生制订个性化的职业发展规划。二是要完善家校沟通联系制度，引导家长树立融合意识，形成正确的教育理念，为学生职业生涯规划提供一个良好的家庭环境。教育工作者要给家长进行学生职业生涯规划的疑难解答，让学生家长进一步了解专业发展、企业行业情况，引导家长在学生职业发展上给予物质上、精神上的支持。三是要发挥教育工作者的桥梁纽带作用，要把融合理念融入实际工作中，教师是关键环节。教师既要面对学生，又要直接面对家长，在学生职业生涯教育中，教师就是领路人，教师要在家长和学生之间进行有效沟通，力促融合取得效果，引导学生树立正确的价值观、就业观。

（四）发挥德育功能

高校要坚定不移地贯彻党的教育方针，为中国特色社会主义事业培养合格建设者和可靠接班人，为实现中华民族伟大复兴中国梦不断培育人才、输送人才，就要发挥德育的功能。如果当代高校大学缺乏基本的道德品质，哪怕学生的学识再高、技能再好，他们也难以取得较大的成就。开展高校大学生职业生涯教育就要贯彻立德树人的根本任务，将社会公德、职业道德、家庭美德纳入学生职业生涯教育，教育学生将德育融入个人的社会环境分析、职业环境分析、自我综合评估、职业目标选择、职业规划方案制订、职业发展执行等全过程，动员教育工作者和各个部门一起参与到学生职业生涯教育工作中，组建校内外育人团队，形成全员育人、全程育人、全方位育人的工作格局。还要顺应网络技术发展的实际，充分利用互联网技术，构建网络德育阵地，将职业生涯规划教育引入网络，为学生获取信息提供更加便捷、有效的渠道。高校大学生只有具备了良好的道德品质才能在职业发展道路上走得更远、在职业发展高度上站位更高。

（五）在职业生涯教育中融入大思想政治的教育观念

人是影响教育成效的最终决定性因素，思想与理念是影响人的行为的关键性因素。若想切实贯彻思想政治教育在高校大学生职业生涯教育中的影响作用、强化职业生涯的育人效应，就要从本质上解决"人"这一影响因素，并疏通人的思想理念。高校与教育工作者均应明确思想政治教育观念，以思想政治工作领导校内各项工作的开展，这是教育工作的根本要求。首先，教师应积极思考，提高课程影响力。应精准掌握社会市场环境的变化情况，积极延伸至教育平台，切实贯彻"走出去"发展战略，推动校内课堂教育和现实的对接。同时，教师还应积极创新教育思路，明确认知学校培育的人才终归会流入社会，并为社会各领域的发展服务，根据这一观念展开职业生涯教育与思想政治教育的融合，重视激发教育课题的能动性，令其进行自我教育。其次，借助校内广播、讲座与海报等信息传播媒介，宣传高校大学生职业生涯教育内容、重要性与价值，促使教育主客体掌握教育意义，为有效开展二者的融合教育奠定基础。

（六）充分利用新媒体环境助推就业指导教育

当前，互联网技术快速发展，新媒体发展也越来越成熟，对当代高校大学生产生较大的影响。电子产品的普及使用，使得高校大学生平时所接收的信息几乎都来源于互联网。因此，在当前环境下，高校就业指导教育可以充分利用新媒体网络传播来引导学生。一方面，利用新媒体平台对学生进行理想信念教育，通过新媒体网络中的外国先进文化和中国共产党理想信念教育，对高校大学生进行就业指导教育。通过新媒体网络，高校大学生能够了解更多就业知识，更加了解目前社会对就业人才的要求，从而使自己更加有针对性地提升自身理论和技能的学习，更加明确就业理念和形成良好的就业观念。另一方面，高校大学生接触的电子信息范围广泛，形式多样，信息良莠不齐，需要学生自行辨别有益信息，关注积极向上的媒体信息，关注对自己有益的信息，提升自身能力，提高就业率。在这一过程中，高校思想政治教育就需要发挥它的作用，充分利用新媒体平台，将正确的价值观渗透到高校大学生的思想中，引导高校大学生树立正确的就业观。

第三节 中华传统文化与大学生思想政治教育

一、大学生思想政治教育的概念与特征

（一）高校大学生思想政治教育的概念

思想政治教育属于一种社会实践活动，其主要特征有超越性、目的性。其主要是指一定的阶级、社会群体有计划、有目的、有组织地对其成员产生影响，通过所谓的道德规范、政治观点来提高人们的思想品德，且满足阶级、社会的发展规律。通常情况下，人的主体性，以及社会的不断发展都会使这种实践活动发挥着强大的作用。可以这样认为，在社会生活中思想政治教育这项特殊活动具有多因素、多属性的特征。

高校大学生是中国梦的圆梦人，对未来我国经济、政治、文化的健康发展将发挥重要作用。高校大学生思想政治教育是指以高校大学生为教育对象，以高校为主要场所，以主流价值观念、政治观点、道德准则和行为规范为教育内容，在遵循高校大学生思想品德形成发展规律的基础上，促进高校大学生由思想观念到行为方式转变的教育实践活动。

（二）高校大学生思想政治教育的特征

第一，高校大学生思想政治教育的政治性。思想政治教育一直是我党的优良传统，为了强调这一实践活动的重要性，党的二十大报告强调要做好大学生的思想政治教育工作。

第二，高校大学生思想政治教育的针对性。通过分析当代高校大学生的思想道德状况，发现其所处时代的特征使他们的思想先进，更加敢于奋斗，积极创新，可是由于复杂多变的社会形势，造成一些不健康思想对新一代青年产生了影响。必须以科学的角度分析当代高校大学生的思想状况：表面上，高校大学生目标确定；整体上，高校大学生思想情

绪稳定；深层次上，高校大学生较为迷茫。他们身上突出的主要优点有：具有较强的自我意识、创新能力、成才意识。当然也存在很多缺点：缺乏一定的自我控制能力、心理素质能力、集体观念。为了能达到良好的思想政治教育效果，十分有必要对教育对象的思想状况进行全方位且深刻的了解。

二、中华优秀传统文化融入大学生思想政治教育的必要性与可行性

（一）中华优秀传统文化的价值

1. 蕴含中华民族传统美德的人格修养

中华传统文化一大核心内容就是儒家文化，儒家文化的核心就是伦理道德，这样来看中华传统文化正是传统美德的集中体现。孔子强调必须在知识学习之前修养个人品格，"弟子入则孝，出则弟，谨而信，泛爱众，而亲仁，行有余力，则以学文"。《资治通鉴》中，司马光也曾论述衡量一个人要以德行为本，"才者，德之资也；德者，才之帅也"。"仁、义、礼、智、信"正是儒家道德的集中体现。现阶段实现自身发展也必须要完善人格修养，积极学习和传承中华民族传统美德。高校育人的根本目标是实现"立德树人"，重在培养具有较高道德水平的高校大学生，这与中华优秀传统文化强调完善人格修养相一致，能够起到极大的推动作用。

2. 以爱国主义为核心的民族精神

在整个中国传统文化之中始终贯穿着爱好和平、团结统一等中华民族精神，作为传统文化核心的爱国主义精神在现代思想政治教育中也发挥着至关重要的作用。一方面，能够让学生通过多种艺术形式来了解传统文化的深刻内涵，有利于增强文化意识和提高使命感；另一方面，帮助学生建立独特且深厚的民族情感。在展开思想政治教育实践的活动中，主要形式包括学习唐诗宋词等文学作品，感受民歌、曲艺等民间艺术。通过以上实践活动能够帮助学生提升民族意识，深化爱国主义教育。以爱国主义为核心的民族精神是当代高校大学生培养体系中的重要内容，与中华优秀传统文化中的爱国精神一脉相承且具备独特的时代特征。我国高校十分重视高校大学生的社会实践活动，开展中华优秀传统文化教育工作，能增强高校大学生的责任意识及爱国精神。古代有许多文人志士都对爱国主义精神进行了歌颂，例如，杜甫的"国破山河在，城春草木深"；屈原的"亦余心之所善兮，虽九死其犹未悔"；文天祥的"人生自古谁无死？留取丹心照汗青"。

3. 自强不息的崇高理想信念

"天行健，君子以自强不息。"从古至今，中华民族始终推崇的理想信念及道德传统就是自强不息。做人要有坚韧不拔，敢于拼搏的精神，"天将降大任于是人也，必先苦其心志，劳其筋骨，饿其体肤，空乏其身，行拂乱其所为，所以动心忍性，曾益其所不能。"此

类精神也曾被孟子和孔子积极倡导，"发愤忘食，乐以忘忧，不知老之将至云尔"。现阶段，实现中华民族伟大复兴的中国梦是我们的最终理想，这一理想需要全国各族人民不懈奋斗、顽强拼搏才能够实现。中华优秀传统文化自强不息的崇高理想信念，体现了我国人民自古以来的奋斗精神，这对激励当代人民团结奋斗有着十分重要的意义。

（二）中华优秀传统文化融入大学生思想政治教育的必要性

1. 有利于传承中华优秀传统文化

中华优秀传统文化一直是传统教育的重要手段，讲究因材施教、有教无类、尊师爱生等，同时也是传统教育的主要内容与材料。

文化传承对任何一个国家来讲都是至关重要的。对于拥有高素质、高文化底蕴的高校大学生而言，他们有必要且有能力承担起传承中华优秀文化这一伟大任务。对于高校而言，为了充分发挥中华优秀传统文化的教育作用，应该将其作为思想政治教育的一大重点，让更多优秀高校大学生能够积极担负起这一责任，使中华优良传统发挥至极致。我们需要深知，国家的灵魂就是传统文化，因此也产生了伟大的民族精神，如果高校大学生这一优秀群体能够积极投入传统文化的探索和学习环节当中，无论是对于个体能力还是社会发展都将会产生极大的推进作用。

2. 有利于丰富高校大学生思想政治教育的内容

中华优秀传统文化是几千年来中国人的智慧结晶。所以，在对高校大学生展开思想政治教育时，应该将不同的哲学思想、观点充分融入进去，有利于教育资源的丰富、高校大学生思想政治水平的提升。同时，不论是在社会生活、现代文化，还是个人建设环节中都可以充分应用传统文化，发挥其最大价值和作用。因此，对于各个高校而言，为了能达到更好的教育效果，就更要充分融合传统文化教育及思想政治教育。

事实证明，高校大学生思想政治教育意义重大。丰富多样化的中华传统文化在五千年的发展历史中逐渐形成积淀。其中不乏一些集体主义、爱国主义等优秀文化精神，同时也存在一些封建迷信的陋习。学习中华优秀传统文化能够帮助更多高校大学生意识到并感受到这些文化，培养其明辨是非的能力，而不是对"古圣"等思想全力追崇或全力打压。如果在思想政治教育体系中能够有效且充分地融合中华传统文化的丰富内涵和精神，对于中华传统文化道德体系的发展壮大以及思想政治教育的价值提升都将产生极大的推进作用。对于高校大学生而言，不断在思想政治教育工作中渗透中国优秀传统文化知识，一方面，有利于个人形成正确的价值观，对一些优秀思想理念产生更深刻的影响，真正做到仁爱、守信、正义等；另一方面，还有利于立德树人价值理念的培养。对于高校而言，应该在思想政治教育工作中通过合理且有效的措施来融入中华优秀传统文化，使其发挥最大价值和作用，扩充思想政治教育的内容。

3. 有利于培养高校大学生对中华民族的自信感和自豪感

热爱祖国的璀璨文化及大好河山都是爱国主义的体现。中国有几千年的历史，它之所以能够生存发展至今，其中的一大关键就在于民族凝聚力，这也激发了不同时代人们敢于拼搏、勇于斗争的强大力量，其始终作为一大精神支柱隐藏在内心深处。民族凝聚力离不开强烈的民族自豪感，一旦两者脱离关系，那么社会重心也将会产生偏移。要想实现中华民族伟大复兴的中国梦，就必须由充满民族凝聚力和民族自豪感的中国人来完成。

改革开放之后，科技进步，经济增长，社会主义所提倡的价值在多元化的思潮中逐渐被冲击。在这一背景条件下，如果在高校大学生思想政治教育中有效融合中华优秀传统文化，能够及时且有效制止以上形势，这就要求各个高校对传统文化教育高度重视，同时还要针对不同高校大学生群体开展相关主题的教育活动，有利于培养高校大学生的爱国主义精神。

三、中华优秀传统文化融入高校大学生思想政治教育实践策略

（一）完善中华优秀传统文化在思想政治教育中的融入理念和模式

1. 确立中华优秀传统文化在思想政治教育中的融入理念

想要促进传统文化与高校思想政治教育的融合，必须转变传统思想政治教育观念，有效实现优秀传统文化与思想政治教育的结合。首先，教育工作者要深刻理解优秀传统文化的内涵价值，挖掘这些教育价值来实现对传统文化的宣传，可以有效提高高校大学生对传统文化的关注度，培养当代高校大学生的文化传承意识。教师要引导高校大学生对传统文化和自身发展进行正确思考，逐渐形成对我国传统文化的认同感，积极主动地在课堂教学中感悟传统文化。其次，教师要将优秀传统文化有目的地贯穿到思想政治课堂中，改变传统的课堂教学方法，充分突出学生的课堂主体地位，将思想政治教材与传统文化进行有效融合，增强学生在思想政治课堂中的学习效果。最后，高校教师要引导学生转变学习观念，直到他们认识到思想政治内容对提高自身综合素质的重要作用。借助高校思想政治课堂来提高高校大学生自身的思想道德修养，通过学习传统文化培养他们的综合素质，使他们能够在社会发展中发挥良好的个人价值。

2. 创新中华优秀传统文化在思想政治教育中的融入模式

传统的思想政治教育模式大多是为了应付考试，教育形式多为说教式，而这种传统的教育模式的弊端显而易见——枯燥乏味，不能被学生真正接受。因此，这种模式不能继续作为新时代教育的方法，需要通过创新加以改变。首先，抛弃传统教育寻求创新型教育的目的是减少课堂教育的独立性，将教育与生活融入起来，也能减少学生学习的负担，提高学习的效率。而创新后的关怀型教育则注重与高校大学生之间的交流，将教育的知识与理念融入课堂学习中，从而推动学生自主学习的能力，提高其对理论知识的理解，这是当代高校大学生必须接受的一个发展历程。对比二者，传统的"填鸭式"教育效果甚微，学生容易出现逆反心理，教育效果不够持久；而新型教育模式则大大提高和激发了学生参与的热

情，更有利于培养高校大学生运用中华传统文化，并用其有效地解决实际问题的能力。其次，这种教育形式的转变目的也是提升学生的整体素质。目前，考试成绩是衡量高校大学生的重要指标，而这并不是考查学生综合素质的唯一标准，为应付考试而学习也不是高校大学生学习的唯一目的，因此，传统的应试教育并不能培养和教育出综合全面发展的人才。如今，生活和学习的模式逐渐多样化，而多样化出现的最终目的是提高学生的自身能力。在现在的传统文化教育体系中，对于高校大学生进行思想政治教育的目的不是单纯为了应付考试，而是将传统文化真正融入学生的生活中，并运用其有效地解决问题，从而提升高校大学生的创新能力。

（二）合理选择教学手段

教学手段的合理选择对教学效果有着重要的影响，教师必须充分尊重学生的学习主体地位，结合学生的学习需求和主要认知特征来选择课堂教学手段，进一步切实贯彻因材施教的教学理念，构建开放式的课堂学习环境，激发学生的主观能动性。例如，教师要利用小组合作探究的方法来研究与传统文化相关的问题，指导学生以小组为单位，通过社会调研和小组讨论来探究相应的问题，也可以通过课堂辩论实现思维的碰撞，加强学生对优秀传统文化的理解。教师要注重结合信息时代发展的背景来突出传统文化的生动性，通过生动的课堂内容来引起学生的探究兴趣，引导学生在思考和总结的过程中实现思想觉悟的提升。教师可以充分利用网络将高校思想政治课堂打造成弘扬优秀传统文化的平台，利用移动教学软件为学生推送实时热点，充分将优秀传统文化融入高校思想政治课堂中，通过在线交流为学生提供多种课堂教学手段。

（三）建立高素质的教师队伍

1. 完善高校在中华优秀传统文化方面的教师队伍培养

教师，是辛勤的园丁，是人类智慧的奠基石，也是学生在成才路上的指导者和引路人。在将中华优秀传统文化与高校大学生思想政治教育相结合的过程中，教师的综合素质对于推动学生的学习和发展有着很大影响。因此，中华传统文化素质也将是考察教师综合能力的新的指标，这一指标也能更好地帮助学生学习，同时也可以很好地传承中华优秀传统文化，达到提升高校大学生思想政治教育水平的目的。

2. 完善中华优秀传统文化方面的教师评估机制

对教师评估机制的创新，要在现有的教学实践中进行。对于评估机制的制定，其考察因素较多，不仅有教师的实际教育质量，而且有学生的实际学习情况，二者综合考虑再评估机制的改进。细化来说，在进行中华优秀传统文化与高校大学生思想政治教育相融合时，要以具体的情况进行考察，切实把握学生的实际接受程度。在制定评估机制时，一定要深入课堂一线，听取广大高校大学生和高校教师的意见，同时结合中华优秀传统文化，考察其对于高校大学生的影响，进而制定评估机制。创新教育评估机制是一个长期的、系统的工程，所以要坚持实事求是的作风，一切从实际出发，联合多方力量协调进行。

（四）组织传统文化实践活动

借助社会和生活开展教育是陶行知的重要教学思想，这对高校思想政治教学具有很强的指导价值。优秀传统文化与高校思想政治课堂的融合，能够帮助学生深刻认识传统文化的魅力和价值，将传统文化融入实践活动中，能够使传统文化更加贴近生活实践，使学生对传统文化拥有更加深刻的理解。在开展传统文化理论知识学习的过程中，教师可以利用文艺活动和社会实践等开展教育教学，也可以邀请一些优秀的教育名家来校进行专题讲座，通过各种学术研讨会增强学生对传统文化的认识，使当代高校大学生通过高校思想政治课堂感受到中华优秀传统文化的精神力量，并在思想政治课的学习过程中获得良好的精神感悟，使他们树立正确的社会价值观。

此外，社团活动是大学生高校生活中的重要组成部分，占用了大学生大量的课余时间，充分运用好高校各种社团活动，对于中华优秀传统文化在高校的传承有着重要的作用。这种潜移默化的、非强制性的影响方式，不仅能吸引真正热爱优秀传统文化的大学生，还能通过社团活动的影响力吸引更多的大学生加入传承优秀传统文化的集体中。社团活动的具体实践，可以是学校组织的传统意义上的社团组织，也可以是具有时代特色的新型社团活动，多种多样的社团活动在丰富大学生课余生活的同时，也达到了传承中华优秀传统文化的目的。通过对不同社团活动类型的简单划分，可以分为传统型文化类社团活动、传统节日等民族性社团活动和具有现代特色的创新性社团活动。

首先是传统型文化类的社团活动，这类活动在高校之中较为普遍，一般以读书会、文化沙龙、演讲比赛和图书漂流等形式展开，通过直接接触优秀传统文化的内容，触发大学生的思考，以达到传承优秀传统文化的目的。这类活动具有一定的文学性，对参与者的文学素养要求较高，因此参与者多为相关专业或者热爱优秀传统文化的大学生，总体来说参与度较低。其次是传统节日相关的文化活动，比如端午赛龙舟、冬至包饺子等，可以挖掘传统节日的活动形式及风俗习惯，使大学生体验不同的活动方式和风俗。这类校园活动的专业性较低，大学生的参与度较高，不仅能够感受节日的氛围，而且达到了传承优秀传统文化的目的。最后是高校中一些具有时代特色的创新性社团活动，比如，一些搬演经典文学作品的话剧社，还有对中国古代人物进行角色扮演的动漫社，通过穿汉服、行汉礼等新颖的活动形式，吸引眼球，把中华优秀传统文化与时代流行元素相结合，让传承优秀传统文化的形式更加符合大学生的需求。

（五）营造适合中华优秀传统文化发展的育人环境

要重视大学校园文化中传统文化的建设。随着社会发展、世界经济的一体化进程，这个时代对高校大学生的思想政治教育有了更高要求，这就要求我们探寻新的高校思想政治教育形式，来满足教学改革的目标和任务。其中，最重要的环节、最重要的实施手段，以及最有效的措施就是创造适合优秀传统文化发展的育人环境。文化，归结来说就是某一地区或国家的人养成的习惯和风俗，这与其所处的环境密不可分。高校是大学生成长的重要场所，其环境也对大学生的成长有着至关重要的作用，特别是其特有的文化底蕴和浓厚的学习氛围，都是影响大学生思想政治教育活动的关键因素。只有具备良好的学习氛围和完善的高校思想政治教育体系，才能进一步促进高校大学生的健康成长、成才。所以，高校必须强化自己的价值理念，丰富自己的文化水平，提升整体文化素养。从外观角度来看，高校的建筑也有对应的环境要求，应当强化硬件设施，适当提高校园的文化氛围，促使高校大学生在包容、浓郁的学习氛围中学到知识，同时提高其有效解决问题的能力。同时，应当创造轻松易于学习的文化氛围，激发学生的好奇心和求知精神，开展不同类型、形式的文化实践活动，在实践过程中培养高校大学生的文化创新精神，尽早实现对高校大学生思想政治教育的目标。最后，切实强化新时代传统文化的教育理念。

传播正确的中华优秀传统文化，在一定范围内接触正确的、积极向上的文化，就会对非理性、不真实的行为活动具有辨别力。所以，我们要在全社会范围内传播中华优秀传统文化的正能量，发扬和树立中华优秀传统文化的典型人物和事件，推动全体社会共同学习典型的活动和比赛。例如，开展宣扬孝老爱亲活动，宣传诚实守信、自立自强等传统美德的实践活动。同时，还要将中华优秀传统文化与封建迷信活动区分开来，合理利用中华优秀传统文化，教育和培养年轻人。

第三章　我国高校思想政治教育工作的原则与依据

第一节　我国高校思想政治教育工作的原则

一、高校思想政治教育的时代性原则

时代性原则是思想政治教育的根本性原则，并且前者始终贯穿后者。时代性原则是对实事求是原则和理论联系实际原则的时代性回应，它对思想政治教育提出了一定要求，即要顺应时代潮流，反映时代特点，把握时代脉搏，回应时代要求，将"时代特色"充分体现出来。教育时代性的本质要求是胸怀大局、把握大势、着眼大事，找准工作切入点和着力点，做到因势而谋、应势而动、顺势而为。换句话说，思想政治教育在思想上要有"三大观"，即大局观、大势观、大事观；思想政治教育在行为上要有"三势"，即因势而谋、应势而动、顺势而为。高校思想政治教育工作要遵循时代性原则，需要适应以下三点要求。

（一）明确高校思想政治教育的时代性地位

目前，高校对大学生进行的思想政治教育工作，既面临着改革建设，如全面建设社会主义现代化国家、全面深化改革、全面依法治国、全面从严治党的战略任务，又面临着严峻的考验，如意识形态领域尖锐复杂斗争的考验，还面临着良好的机遇，如实现中国梦的难得机遇。大学生群体的思想观念多样化，所以，为了增强高校思想政治教育的时代性，一定要把大学生思想政治教育与现代社会的发展新形势相结合，做到求真务实。

（二）提升高校思想政治教育的时代性

高校根据大学生思想政治教育工作的目标任务、方针原则、内容要求和方法手段等对学生进行思想政治教育工作，这需要教育者紧跟时代步伐，顺应时代的潮流，准确把握学生的思想，满足学生的需求。面对全球化趋势，高校思想政治教育要牢牢把握学生的心理动态和现状，不断自我完善和革新，拓宽工作开展的渠道，充实教育内涵，最大限度地发挥教育的隐性作用。

（三）努力做到"三真"

习近平总书记强调思想政治教育的力量在于"真"——"用真理说服人、用真情感染人、用真实打动人"，高校思想政治教育也应做到这一点。具体来讲要做到以下几个方面：

第一，在思想上，高校思想教育工作者应努力追求真理，不断总结经验教训，形成理论，不盲目地信任书本，应从实际出发，不搞虚假工作和面子工程，不搞形式主义。

第二，在行动上，高校思想教育工作者要具体把握每一个学生的特点和心理状态，结合社会不断产生的热点和关注点，适当调整教育内容、方式与方法，有针对性、目的性地开展思想政治教育工作。在大学生这个群体中，每个学生有着不同的特点，有着自己独特的思想，要想对他们进行思想政治教育，只有求真务实，真正将教育工作落到实处，才能取得实效。

二、高校思想政治教育的创新性原则

要使高校思想政治教育具有时代性，高校思想教育工作者就必须有创新精神，要把时代性与创新性结合。社会主义核心价值体系中提到，要具有改革创新的时代精神。创新精神，既是时代的需要和灵魂，也是思想政治教育具有时代性及其能够发挥重要作用的因素。

随着全球化趋势越来越突出，科技的进步越来越明显，我国的经济体制发生了转变，经济增长方式和社会结构也逐步转型，在这样复杂的背景下，理论和实践的创新是一个艰巨的任务，这就给我们提出了要求，即不断进行理论创新、与时俱进，用理论创新带动实践创新，为高校思想政治教育注入新的生机和活力；将思想政治教育的时代性和创新性相统一，创新它的目的、内容和方法。只有目的、内容和方法都具有创新性，才能使思想政治教育的时代性发挥出最大功效。

创新是对以前思想的突破和对过去实践的超越，是人们在认识和改造世界的过程中产生的，是人类社会进步的核心动力和不竭源泉，也是时代的本质特征。思想政治教育工作同样如此，提升人的德行是思想政治教育的目的，培养人的创造能力是思想政治教育的一个目标，通过思想政治教育，调动学生的积极性。创新不是不继承，而是要在继承中创新。只有创新才能给社会建设注入活力，才能推动社会的不断进步和发展。因此，要"有敢为人先的锐气，有上下求索的执着，得风气之先、开风气之先，力争有所突破、有所发展、有所建树"。

高校思想政治教育工作遇到了许多新课题和难得的机遇，这需要我们具有创新思维。创新高校思想政治教育工作的教育方法和教学内容，既是时代的需要，又是广大学生的心声。我们应该积极创新思想政治教育的思维理念、运行模式、内容要求和方法手段，重点要抓好理念创新、手段创新、基层工作创新，提高高校思想政治教育民主化、法治化、科学化、信息化的水平，形成宽领域、全方位的工作格局，与时俱进，改旧纳新，在创新中体现思想政治工作的现代性。

随着改革开放的深入和信息化时代的发展，面对多元的文化，我们要保持清醒，坚定自己的步伐，坚持制度自信、理论自信、道路自信和文化自信，这样才能永葆社会主义强大的生命力和活力。要进行高校思想政治教育的创新，就要实现五个转变。

第一，在指导思想上，高校思想政治教育工作者要转变态度，摒弃以自我为中心的高高在上的态度，做好服务者，使高校思想政治教育为经济建设和社会发展站好岗、尽到责。

第二，在教育内容上，高校思想政治教育工作者要转变单一的教学方式和途径，不断拓宽渠道，改进教学方法，使教学、科研及各项业务工作一同完成。

第三，在运行体制上，高校思想政治教育工作者要转变过去老旧、僵硬的运行体制，建立思想政治教育专兼结合，党政工团齐抓共管，功能互补，一体化的运行机制。

第四，在教育的方法上，要转变单向教育方式，采取更加多样的教育方法。

第五，在教育形式上，要转变过去"一刀切""一锅煮"的做法，做到因材施教、对症下药，从学生的需求和实际问题出发。

高校思想政治教育工作者只有做好以上几个方面的工作，才能将高校思想政治教育工作全面升级，从更高层次上开展工作。

三、高校思想政治教育的发展性原则

发展性是对时代性的最佳诠释，从唯物辩证法角度来看，它是指事物由小到大、由简到繁、由低级到高级的运动变化过程，是事物内部矛盾运动的结果，是量变和质变的统一。它要求我们紧跟时代步伐，眼光紧贴社会发展的趋势，牢牢把握事物的新动态。发展是社会性的，它与和平、人权、民主管理、环境、文化和人们的生活方式有着密切联系。高校思想政治教育的发展性原则，对实现高校大学生思想政治教育现代化具有重要意义，它要求在思想政治教育的各环节和各方面都要适应现代社会和人的发展需要，使其实现从传统走向现代的转变。

思想政治教育是一门具有实践性、社会性和发展性的学科和实践活动，随着时代的发展，思想政治教育也在全方位地发生着深刻变革。高校大学生思想政治教育和其他德育实践是不同的，它具有独特的发展特点，所以要用全面、联系、发展、变化的观点剖析。对高校大学生的思想政治教育工作来说，时代的变化是通过发展性表现出来的，所处时代不同，教育对象、理念、内容、方法、载体、评价、效果都会相应地发生改变，因此，必须谨慎分析和认真对待。

综上所述，只有深入剖析当今世界的发展态势，才能把握其本质和变化的趋势，才能随机应变，机动灵活，使教育不落后于时代步伐，思想跟上形势。高校在对大学生进行思想政治教育工作时，要抓住这一工作原则，遵循客观规律，把思想政治教育的艰巨任务妥善、有效地完成，将"动态"变为"常态"，脚踏实地，面向未来。

四、高校思想政治教育的开放性原则

在全球化背景下，高校思想政治教育需要顺应时代发展的潮流，将时代性和开放性结合在一起。和平与发展是当今开放性世界的时代主题，在这种大趋势下，中国的发展出现了政治多元化、经济全球化、文化多元化、信息网络化等态势。因此，高校思想政治教育要吸收和借鉴国外的成功经验和做法，同时立足国内，比较思想政治教育的共同点，在多元文化背景下深入挖掘思想政治教育的时代性要素。

在全球化趋势的推动下，人民群众的日常生活、思维模式和生存方式正在改变。面对繁杂丰富的社会生活，高校思想政治教育工作需要顺应世界潮流，把握时代要求。在内容和形式上，要实现现代化，而不能只是停留在原有的比较简单的层次上；在方式方法上，要运用科技手段改进思想政治工作，使其能主动适应当今世界科技，依靠现代科学技术充分发展自己，促进自身成长。

中国的生产和消费、社会和生活，在一定程度上会被加速发展的全球化影响，正所谓"社会存在决定社会意识"，人们思想观念的发展变化与经济、政治、文化全球化相伴。只有"面向世界""睁开眼睛看世界"，高校思想政治教育工作才能使大学生明白如何应对全球化浪潮，才能把握时机充分发挥思想政治教育工作"生命线"的重要作用，为经济和其他一切有针对性的工作带来实际效果。这就要求高校思想政治教育工作要放眼世界，善于弃旧纳新，在继承优良传统的基础上，确定"以人为本"的新原则，抓住工作对象的时代本质，探索适应新形势的新方法、新渠道、新途径和新理论。需要注意的是，高校思想政治教育工作者在面向世界的同时，一定要立足我国国情，以广大青年学生的心理接受能力和心理状态为根本出发点，否则将会使大学生的内心失去方向，从而违背"面向世界"的良好初衷。

受"全球化"和"入世"的影响，大学生的思想观念和心理意识变得更加复杂，不容易被把握和引导。在这种形势下，高校思想政治教育工作既要立足于现实，又要着眼于未来，一定要发挥其前瞻性和预防保障的功能，从战略高度上充分掌握主动权。高校思想政治教育工作要培养"四有"合格人才，为经济建设和社会发展服务，就必须立足现实，加强对理论的研究和探索，增强预见性和前瞻性，充分发挥其预测功能和导向功能，如此才能更有效地为抢占未来领域和战略制高点服务，更好地着眼未来。那么，如何使高校思想政治教育工作尽快实现从经验向科学的转变呢？高校思想政治教育工作者要真正把思想政治教育工作当成一门科学，全方位地探索其基本概念、原理、范畴、规律等，改变被动的、盲目的不良工作状态，去除工作中那些针对性不强、效果不明显的部分。总的来说，高校思想政治教育工作要坚持和贯彻"三个面向"，唱响主旋律，积极应对"全球化"和"入世"所带来的挑战，打好主动仗，充分发挥自身"生命线"作用，推动做好其他一切工作。

五、高校思想政治教育传统与现实相结合的原则

思想政治教育必须立足国情。由于国家之间的交流日益频繁，经济全球化趋势不断加强，社会上的一切优秀经验都可以被吸收和借鉴。但是，在开放的前提下，思想政治教育的时代性必须和民族性结合起来，继承和发扬具有中国特色的民族文化。

对外开放、不断创新、坚持民族特色，是坚持高校思想政治教育时代性的前提条件。在思想政治教育过程中，要始终坚持我国的民族精神，认识到民族的也是世界的，将继承和借鉴之间的关系处理好，立足传统的同时，放眼未来，如此，思想政治教育时代性才能切实体现其意义和价值。

时代性和现实性相统一的特点是思想政治教育时代性发展的意义所在。高校思想政治教育的时代性帮助大学生实现思想认识上的飞跃，是通过贴近实际，一切从实际出发实现的，并通过社会实践来检验思想政治教育时代性的实际效果。高校思想政治教育时代性要切实贴近生活，才不会在实际工作中脱离实际，只有贴近生活、反映生活，充分发挥求真务实的优良作风，才可以更好地服务生活。高校学生是思想政治教育时代性的重要主体之一，要保障人民的根本利益，高校思想政治教育时代性必须贴近大学生群体，尊重他们的主体地位，促进他们的全面发展。

坚持理论联系实际是高校思想政治教育工作的精髓所在，同时需要注意分析各种现实提出的、直接影响人们思想认识的问题，并开展有针对性的思想政治教育工作。发展生产力是社会主义的根本任务，因此高校思想政治教育要认识到当前经济建设是全国全党各项工作的中心这个事实，思想政治教育不能单独进行，必须面向经济建设，并服从和服务于这个中心任务，共同完成各项工作。要在适应经济形势和政治形势的要求的同时，营造一个良好的思想氛围，以推进经济工作的顺利展开。并且要更好地进行共产主义思想教育、爱国主义教育和理想纪律教育，需要在实践中让广大大学生群体体会到党的先进性和社会主义的优越性，这样才会产生良好的效果。

共产党人最基本的思想和工作方法是实事求是、坚持理论联系实际的原则，因此高校思想政治教育中必须体现这个基本方法，具体要把握以下几点：

第一，高校思想政治教育的基本要求和目标要从现实的研究中确立，要确定好每个时期所需要解决的问题是什么。在这里要特别指出的是，要把解决思想问题和解决实际困难，与思想教育工作结合起来，尽最大努力为大学生群体办些实事。所以，同时，我们要正确认识大学生思想观念在现阶段受到各种客观现实因素的影响，正确处理思想政治教育层次性与先进性的关系。

第二，高校思想政治教育开展的依据是教育活动所针对的具体对象、所处的具体条件，要根据每个学生的实际情况有针对性地去做思想工作。

第三，高校思想政治教育必须符合实际内容。

第四，在思想政治教育的方式方法上不要搞形式主义。不要讲空话、说长话，做工作不能只停留在会议上，这是我们新时期思想政治教育工作的指南针。

综合来看，我们开展高校思想政治教育必须坚持的基本原则是结合我国加入世界贸易组织（WTO）的实际情况来确立的。WTO 的基本原则可归纳为公平交易原则、非歧视性原则、透明度原则。这些原则是建立在信用基础上的，对道德、人格有着更深层次的要求。在国际竞争中，有信用才有竞争资格。世界贸易不是投机和假冒伪劣的经济，而是诚实信用的经济，是道德的经济。要想在国际市场上立足，先要有道德观念，没有道德观念，就等同于自取灭亡。人格是人在社会中的外在表现，并在社会化过程中逐渐成熟，是个人的思考和行为方式。市场经济条件下道德教育的内容中增加了关于人格的教育，加入了关于现代人格行为的培养，即培养创新、独立、诚信、自律和敬业等精神，同时提倡友爱、勇敢、负责等多种中国优秀文化传统中的人格行为，这些是青年学生为人处世、安身立命所必须学习掌握的，是适应经济全球化挑战的重要内容。

无论如何，高校思想政治教育工作的时代性必须与传统性、现实性相统一，高校对大学生进行思想政治教育工作必须贴近生活、贴近实际、求真务实。

六、高校思想政治教育的整体性原则

历史唯物主义认为，事物是普遍联系和发展的，其内部各要素可以形成合力，优化发展的进程，正如恩格斯在《反杜林论》中所说："许多人协作，许多力量结合为一个总的力量，用马克思的话来说，就造成'新的力量'，这种力量和它的一个个力量的总和有本质差别。"

系统论认为，事物是由相互作用的许多要素按一定结构组成的具有特殊功能的系统，其整体功能大于各部分功能之和的最高限度。因此，系统天然具有整体性、综合性、结构性、层次性和开放性等优点，应该加以利用。无论是马克思主义还是系统论，都非常重视整体性的价值和方法论意义。现代化治理如果缺乏系统性，就会导致政策之间相互打架，工作不协调、不衔接，"决策一出台，问题跟着来""按下葫芦浮起瓢"。有鉴于此，"我们既要注重总体谋划，又要注重牵住'牛鼻子'。在任何工作中，我们既要讲两点论，又要讲重点论，没有主次，不加区别，眉毛胡子一把抓，是做不好工作的"。

由教育目标、教育观念、教育方法、教育内容、教育载体、教育对象、教育评估等多个子要素构成的思想政治教育系统，是一个完整的系统，其遵循人本性、民族性、公民性、阶级性和职业性，主要实施政治教育、心理教育、思想教育、法治教育、道德教育、信仰教育等教育内容。从系统论来看，思想政治教育不是孤立的系统，还要与其他系统合作，才能更好地实现教育的功能，如与德、体、美、劳等其他学科互补发展，运用家庭、政府、社会、学校等各种教育力量，形成教育合力，实现共赢。

系统论和整体性原则有助于整合高校思想政治教育中的多项资源，如人性资源、权力资源、权利资源、角色资源等，以期努力寻找它们的最大公约数，寻求破解高校思想政治教育困境之道。"在实施路径上，要努力构建大教育格局，把理论学习、思想教育、舆论宣传、文化熏陶、典型引导和社会实践统一起来，把虚拟空间与现实生活对接起来，营造处处是课堂、时时受教育的氛围。这种'大教育格局'的实质是'整体性'的教育时空观，哪里有问题哪里就有教育，教育随时会出现，要多维联动、立体集成、整体奏效。"

第二节　我国高校思想政治教育工作的理论依据

我们需要着重研究的问题是高校思想政治教育的时代性问题，在一定程度上，高校思想政治教育时代性和其存在的重要性是一致的。作为一个具有重要现实意义和理论价值的课题——高校思想政治教育面临的时代性问题，其涉及面广、涵盖学科多，可从哲学、行政学、政治学、教育学、伦理学和行为科学等学科的学理建构上去探究其理论溯源。

一、哲学依据

哲学之所以成为人文社会科学的奠基性学科是因为其具有探究事物本质的根源性意义，哲学因其全部积极成果而成为时代精神的精华，它与时代的现实生活通过一种批判和革命的态度保持联系，而其获得发展的动力源于回答了时代的重大问题。

其一，社会意识的唯物观由"现实生活"的社会存在决定，而"现实生活"的社会存在是时代性的本质，这种社会存在是有着特定丰富内涵和形式的，是必然的，而不是历史阶段中偶然性的东西。作为历史唯物主义的根本问题——社会存在决定社会意识将成为时代性的基础，并且社会意识或快或慢的改变是由社会存在的改变所导致的。马克思指出："人们自己创造自己的历史，但是他们并不是随心所欲地创造，并不是在他们自己选定的条件下创造，而是在直接碰到的、既定的、从过去承继下来的条件下创造。"

可见，高校思想政治教育的活水流动在时代性的现实生活和实践活动中，高校进行思想政治教育的生命线是时代性，开展德育实践和破解德育中的困境应当立足于时代性。

其二，认识论以"时代性"的实践为基础和变化条件。在马克思看来，认识论的基础和变化条件是由"时代性"实践构成的。当人们的生活条件、社会存在、社会关系发生改变时，人们的观点、意识、观念必将发生改变。可见，不同时代人们的生活条件、社会存在、社会关系的差异性决定了人们的思想观念的不同。

其三，高校进行思想政治教育是以"现实的人"作为逻辑起点的。马克思对人本质的探讨是睿智和精到的，人的本质并不是单个人所固有的抽象物，其现实性是一切社会关系的总和。高校所进行的思想政治教育本质上是培育人和塑造人思想品德的实践活动，其逻辑起点在于大学生这类"现实的人"。只有置身于具体现实的一定时代和由全部社会关系构建的生活世界中，才能真正理解大学生的所需所缺和所思所想，才能有的放矢地对他们开展思想政治工作。

其四，具体问题具体分析的时代性方法论。时代性为一切认识论提供了方法论的意义，我们要在时代的条件下进行认识，这些条件达到什么程度，我们便认识到什么程度。

二、政治学依据

政治学是高校思想政治教育时代性研究的一个重要理论来源。政治学是一门实践性学科，国家学说、政治权力理论、政治制度及政治运行机制等政治现象是其主要研究对象。政治学的根本特色和基本原则是时代性。

由此可见，时代性是政治学的理论和实践的根基。政治学之所以有生命力，是因为其没有失去时代性的现实语境。政治多极化、民主法治化、包容个性化的趋势，在如今这个全球化、现代化和信息网络化的世界图景中越来越明显，与本国发展相适应的政治制度与政治运行机制成为世界各国都在寻求的对象，政治体制改革的呼声一直都存在。中国政治现代化的进程在新政策的推动下逐渐加快，党的十八大为国家治理现代化规划了新的蓝图，十八届三中全会提出了制度建设的内容，十八届四中全会提出了以法治建设为标杆和旗帜，提出了高压反腐和治吏的突破思路。逐渐发生改变的政治生态给各高校带来了新的机遇和挑战，如何加强大学生思想政治教育工作成了重要课题。在政治新生态下，高校大学生是未来的栋梁之材和社会精英，他们的所思所想、所喜所忧不仅关乎大学生自身发展，更关系到国家政治发展和社会的发展。道德高尚、行为规范、"去腐败污点"的治国安邦之才是国家发展急需的人才。因此，培育大学生成才应该作为高校对大学生进行思想政治教育工作的根本宗旨及当代中国政治学的重要目标。可见，要想为高校大学生思想政治教育提供强有力的问题域和理论背景资源，必须加强政治学时代性的研究。

三、教育学依据

教育"面向和回归生活世界"的理论为大学生思想政治教育的理论和实践提供了重要的

指导思想和借鉴意义。近现代以来，在教育学日益走向专业化、规范化、学科化的同时，也逐渐走入"死胡同"，导致了"四分离"，即理论教育和实践教育的分离、工具理性和价值理性的分离、知性教育和德行教育的分离、科学教育和人文教育的分离。"面向和回归生活世界"的教育学思想正是基于这样的时代背景而成为人们普遍共识的。"生活世界"理论源自马克思、胡塞尔、哈贝马斯、海德格尔等哲学家的学说，认为社会和人的一切观念及行为的现实根基与意义之源在于生活世界，因此人应当回到生活世界去思考生活和摆脱困境。"生活世界"哲学思想为陷入困境的教育学恰逢其时地提供了解决思路。斯宾塞认为教育是为未来完备的生活做准备；杜威以此为理论资源提出了"教育即生活"理论，强调从生活的视角来看教育，把教育放置于现实、客观的生活之中；我国著名教育家陶行知更进一步提出了"生活即教育"思想，主张"生活教育""社会即学校""教学做合一"。可以说，思想政治教育学是教育学的一个分支，"面向和回归生活世界"的教育学思想也对其产生了重大影响，尤其对于如何从根源上反思和革除德育诟病有重要的建设性意义。时代性承载和规定着现实中客观的生活世界，谨记立足于鲜活时代的生活世界去看待高校大学生思想政治教育实践的内容和形式，是高校对大学生进行思想政治教育的源头活水。

四、伦理学依据

伦理学是一门道德学，是研究道德的现象、本质、规律和作用机制的学科。个人的道德行为和社会的伦理风尚是其主要研究范畴。道德是一种精神，但它不是一般的精神，而是一种特殊的精神，它的特殊性就存在于实践性。道德的这种特殊实践性以道德完善的"自律"为根本目标，这种"自律"既烙上了不同时代中不同的道德标准的深刻印记，又受到"他律"的时代性中不同时代的社会舆论对个人道德和社会伦理强烈的引导性影响。因此，时代性背景成了伦理学的基本研究框架及高校思想政治教育面临的时代性问题的研究起点和重要原则。大学生作为祖国未来的建设人才，其一言一行都关乎着国家和政府形象，其道德水平在很大程度上影响着整个社会的道德水平，其"未来建设者"角色的特殊性对其提出了道德伦理方面的特殊要求，即做一个克己奉公的公德典范人。大学生不仅要遵守基本的时代性公民道德，更要恪守时代性的职业操守，提升自身道德品质和修养，克服个体自利性与政府公益性，在角色、权力和利益三方面的时代性冲突中以身作则。

思想政治教育学与伦理学既有联系又有区别，思想政治教育学是研究人的思想、道德、心理的学科，道德教育就是其重要内容之一。因此，可以把思想政治教育视为"教化为人"之学，把伦理学视为"为人之德"之学。"显而易见，在高校思想政治教育时代性的问题研究中，道德的伦理学研究和思想政治教育的研究具有很强的关联性和相似度，当然也存在着差异，在侧重点研究、研究内容、研究路径上有各自的特色，可以互相借鉴和取长补短"。毋庸置疑的是，时代性是它们共同的理论和实践起点、共同的问题域和共同的背景资源，应当给予特别重视。

第三节　我国高校思想政治教育工作的实践依据

作为一项社会意识活动，思想政治教育是很复杂的，不仅需要遵循特定的运行规律，还需要在具体实践中把握一定的规律。高校思想政治教育其本身在运动过程中具有特定的内在和本质的必然联系，只有在活动中把握其固有的规律性，才有助于提高高校思想政治教育的科学性和实效性。由于受到人们的认知水平和高校思想政治教育现实性的影响，高校在对大学生进行思想政治教育时，应着重把握当代大学生思想的特点，着重按照其本身的特殊性和思想发展的规律性对其进行教育，以便更好地达到思想政治教育的目的。高校思想政治教育时代性的主要实践依据是当代大学生的思想特点。

一、当代大学生身心发展的特点

大学时期是学生逐步形成世界观、人生观、价值观及身心快速发展的重要时期。在这一时期，他们具有好奇心强、情感丰富、兴趣广泛及自我意识和独立意识不断增强的特点，但是他们的思想认识尚处于较低的阶段，缺乏辨别能力。刚入学时，大学生还在逐步适应从中学到大学的转变，对于他们而言，美好的大学生活刚刚开始，他们更为关注大学生活有哪些特点和规律，以及大学生成才标准是什么；从大二到大三，大学生的思想开始逐步稳定，他们开始集中精力去塑造自我，促进自我的全面发展；大四是大学生做好走向社会的心理准备时期，同时是大学生活即将结束的时期，此时他们的关注点在于是否可以找到理想的工作和单位。

二、当代大学生思想品德特点

大学生的知、情、意、信、行等因素辩证发展的过程就是他们形成政治思想和塑造品德的重要过程。这个过程中，必须包括知、情、意、信、行等因素，也就是说，必须去认知接纳正确的观点、意识及道德规范，从而形成人特有的情感。在这种情感、意志、认识、信念和行为的发展过程中，他们经历了从简单到复杂、低级到高级、旧质到新质的辩证运动。若形成正确的政治思想和良好的品德，必须经历多层次且复杂的发展过程，要知道知、情、意、信、行这些因素在发展过程中充满了矛盾的变化，并且会出现不一致的发展方向、高低不等的发展水平。这些因素使不同的人对同样的思想政治教育的内容、过程具有明显的选择性和倾向性，这与受教育者不同的个性、家庭背景的差异及所处多样的社区环境等因素直接相关。

三、大学生思想内部矛盾的运动和转化特点

大学生品德的形成和发展过程，既不是进行简单塑造，也不是被动改造，而是在大学生思想内部借助一定的条件，引导一系列矛盾的运动向着正确的方向进行转化的过程。大学生思想品德的形成和发展的实质就在于教育者是否能精心组织、培养和指引，能否通过教育者的指引使得大学生思想品德内部展开积极的斗争，并且朝着教育者指引的方向前进。大学生在思想品德的形成和发展过程中，其内部矛盾表现在多方面：一是大学生在接受教育时，积极主动与消极被动之间的矛盾；二是大学生认知水平高与认识水平低之间的矛盾；三是大学生思想品德中优良的品质与不良品质之间的矛盾；四是大学生各心理要素之间发展不平衡的矛盾。虽然大学生的矛盾是一种普遍存在的现象，但在不同的条件和背景下的大学生身上，矛盾又具有各自的特殊性。

第四章　我国高校思想政治教育的工作机制

第一节　加强高校思想政治教育保障机制建设

高校思想政治教育系统能否有效运行，依赖于是否有完善的保障机制。保障机制，简单地说，是保证工作可以正常、有序进行的首要条件。高校思想政治教育保障机制建立，主要分为物质保障、组织保障和人力保障。

一、物质保障

"机制"这一概念原指有机体通过各个部分的构造，各要素之间相互作用、相互联系制约的形式，使得各要素之间能够有序配合，从而实现整体功能的运行方式和运动原理。高校思想政治教育机制，是指基于大学生思想政治教育系统内部各方面因素之间相互作用、相互制约、相互联系的联结方式而构建起来的工作体制。高校思想政治教育机制是个较为复杂、目前研究较为浅显和混乱的问题。因此，如何建立高校思想政治教育的机制，是我们系统研究大学生思想政治教育的重要问题。高校思想政治教育工作的物质保障是指实施教育所必需的物质条件，具体包括基本建设、经费投入和活动基地建设等。

（一）基本建设

推进高校思想政治教育工作必须依托一定的场所、设备和设施。

首先，高校思想政治教育工作的开展需要固定的办公场所。在影响大学生价值观念教育的因素越来越多、需要单独进行思想交流的学生越来越多的今天，学生工作中新增加的心理辅导、就业指导等职能，需有专门的办公场所。

其次，开展高校思想政治教育需要必要的办公用品。新形势下，高校思想政治教育形式越来越丰富，既有传统的互动性不够强的讲座报告，也有丰富多彩的参观访问、观看电影录像等活动，还有各种各样的社会实践活动和社团活动。因此，除了必要的办公场所及办公所需的电脑、打印机外，还应配备照相机、摄像机等音像器材设备，以增强教育活动的趣味性和实效性，便于资料的存档备查。

最后，高校思想政治教育的开展，需要合适的教育活动场地。高校思想政治教育是与各种各样的活动结合在一起的，既需要使用各种规模的会议室、报告厅来举行座谈、讲座、报告等活动，又需要建设一定的宣传设施和场所，如文化长廊、宣传栏、校报、校园广播站、网络中心等，这对高校大学生思想政治教育工作的开展将产生巨大益处。

（二）经费投入

经费开支是高校思想政治教育工作中的必要环节，是大学生培养成本的核算体系中必须纳入的一方面，经费能否得到保障，关系着此项工作的成败，关系着各项工作能否达到预期目的。国家财政拨款预算必须合理确定拨款比例，保证高校思想政治教育工作可以正常运行。但从当前情况来看，高校思想政治教育并没有得到充足的经费，从而导致思想政治教育各项活动的开展受到了制约。所以，就经费来源看，高校不能只依赖国家拨款，还应积极拓宽筹款渠道，适当开源。

另外，我国是实行社会主义制度的国家，社会主义必须为那些出生时经济条件处于劣势的公民创造平等的受教育条件，提供平等的就业机会，以保证富人与穷人的孩子处于同一起跑线，以保障每个公民处于公平竞争状态。因此，在措施方面，必须建立高校与社会各类慈善资助机构的联系，切实健全和完善大学生助学贷款、奖学金与助学金制度体系。

（三）活动基地建设

在新形势下，高校思想政治教育需要不断创新工作模式。我们应该不断拓宽思想政治教育的渠道，采取多种思想政治教育方法，充分利用各种资源，同时深化思想政治教育的内容，拓展教育实践。

1. 加强社会实践基地建设

当前，最普及的大学生教育方式莫过于社会实践，大学生通过社会实践教育活动，可以全面提升自身的素质。教育行政部门和高校要建立各种类型的教学科研基地、大学生职业技能和创业能力实训基地、社区活动基地、勤工助学基地等，通过社会实践教育，切实培养大学生的综合素质能力。

2. 强化爱国主义教育基地的建设

历史博物馆、红色纪念馆是爱国主义教育基地的主体，可以将历史文化知识直观地展现给大学生，对大学生进行爱国主义、集体主义和社会主义教育。因此，高校可利用节假日和重大历史纪念日组织大学生参观访问爱国主义教育基地，帮助大学生提高自身思想政治水平。

3. 强化实训及素质拓展基地的建设

实训和素质拓展是大学生感兴趣的活动形式之一。通过基地的专业技能、创业能力的实际培训，不仅可以提升学生的实际动手能力，培养其创新意识，还有助于增强学生克服困难的信心，培养其团结合作的精神，提高与人交往的能力。在当前高校注重内涵建设的形势下，各级教育行政主管部门应加强与高校的合作，积极建立大学生实训基地，推动大学生思想政治教育工作的进行。

二、组织保障

组织，从动态上是安排分散的人或物使其具有一定的系统性和整体性，从静态上，是指按照一定的宗旨和系统建立起来的群体。推进高校思想政治教育工作，首先要确定一个组织管理目标，其次进行资源配置，最后根据具体的工作进行组织管理。总的来说，就是要整合教育要素，健全组织机构，为高校思想政治教育提供组织保障。

（一）建立教学组织保障机制

高校思想政治教育活动主要在教育的主体和客体之间开展，但是我们要注意，它不仅涉及主客体，还在一定程度上涉及其他因素。保障机制可以起到规范教育主体和客体的作用，可以影响教育活动的内部机理，是各种教育机制运行的前提。在多年的高校思想政治教育过程中，我国建立了相应的教育组织保障体系，而随着当前国内外的社会环境及各类高校不同的办学模式和当代大学生的思想观念、行为方式的不断变化，高校思想政治教育的需求已然发生了改变。因此，在社会转型期的大环境下，我们必须对我国的思想政治教育组织体系进行必要的调整，重新判断高校思想政治教育的作用和优点，探究大学生思想政治教育的内在规律，在此基础上对教育组织结构进行调整。

（二）保障机制的构建思路

"全员育人"是我国高校思想政治教育组织机构当前改革的总体思路。过去开展高校思想政治教育主要依赖于主管马克思主义理论的教学部门和学生工作管理部门，随着时代的改变，我们要在实际行动中贯彻高校"育人为本，德育为先"的育人理念，将高校思想政治教育彻底融入学校工作的各个方面，并贯穿于整个教育教学环节中。

学校相关党委部门需要在整体上引领高校思想政治教育的正确方向，重新确定工作理念和目标，推动大学生德育与智育工作。从具体实施来看，马克思主义理论教学部门应抓好理论教育；学生工作部门与共青团系统应帮助大学生树立社会主义核心价值观；各院

（系）专业课教师应该把思想政治教育融入各子科教学环节；学校管理部门和服务部门在各自的岗位上，应带头示范，树立榜样；学校宣传部门应建立起弘扬社会主义主流价值观的文化阵地。

三、人力保障

要按照提高素质、优化配置、稳定结构的要求，大量选拔德才兼备和工作热情较高的中青年干部，充实思想政治教育工作队伍；注重专家化、职业化的专职政工干部的培养，以专兼职相结合为基本原则，采取切实措施，培养一批政治立场明确、理论功底扎实、勇于开拓创新、善于联系实际、具有奉献精神的教育工作者和社会活动人士。同时，思想政治工作志愿者作为潜力最大的群体应当得到重视，使之成为壮大政工队伍的后续力量和储备军。为此，要建立和完善思想政治教育专职队伍的激励和保障机制，免除他们的后顾之忧，同时提供更多的发展机会，注重人才储备和培养的长效性。

第二节　优化高校思想政治教育评价机制

高校思想政治教育评价是高校思想政治教育工作中必不可少的重要组成部分，也是高校思想政治教育工作的最后一个环节。对高校思想政治教育工作的效果进行客观、全面、科学的评价，对于总结思想政治教育工作经验，校正思想政治教育工作过程中的偏差都有很大的帮助，有利于高校思想政治教育工作的开展。

一、高校思想政治教育评价的原则

（一）公开、公平、公正原则

公开是指评价方式、方法、对象等的公开；公平是指评价起点和标准的公平；公正是指评价基本价值取向的正当性。

1. 公开原则

在大学生思想政治教育工作评价过程中，公开必须作为一项根本性的要求得到贯彻执行，同时应坚持多向性和针对性。在高校思想政治教育工作评价机制语境下，公开就是将需要公开的事项多向度、有针对性地公开。公开内容向度若以思想政治教育工作考评本身为参考系，可以视为考核的办法、考核的对象、考核的内容等；若立足本体之外，可以视为透明公开的客体、监督考核的主体等。公平、公正必须以公开为基础，失去了公开意味着失去了公平和公正。

2. 公平原则

公平是高校思想政治教育评价工作的重要保证。公平不是空洞的，而是包含具体内容的公平。结合思想政治评价工作的特点，公平主要包含起点、尺度和结果的公平。

起点公平是指评价的基准点要公平。对于评价对象而言，若处在不同基准线上而用同一种评价方法进行评价，所取得的评价结果是不具有可比性和普遍意义的。具体来说，起点公平就是指评价的项目是统一的，评价的对象是相同的，所设置的评价指标也应该是相同的。

尺度公平也称标准公平，是指在评价工作中所使用的评价标准、评价指标和指标体系是公平的。基于内容维度就是指标准、指标和指标体系的使用要具有公平性。

结果公平就是评价的结果是可以用同一种方法去度量和实证的。结果公平就是指评价的最终结果是按照预先设定的标准归纳和演绎出来的，它对于所有被评价的对象都是适用的。

3. 公正原则

公正原则是高校思想政治教育考核工作的重要衡量基础，失去了公正原则将直接导致评价的失衡和结果的失真。公正包括对人公正、对事公正、程序公正和方法公正。对人公正就是所采用的评价系统对于所有评价对象都是适用的，具有相当的普遍性，不因人的各种差异而存在偏私。具体来说，无论评价对象的民族、职称、身份、出身有何不同，评价结果都不会改变；对事公正就是对思想政治评价工作公正，要求评价工作的参与者要正视这项工作，不应带有任何偏见和私心，评价者应当就事论事，不将评价工作与任何不相关的工作相联系，不将个人偏见带到评价工作之中，不能公报私仇，确保对事公正，评价者的思想道德素质和评价者的产生机制是评价公正的重要保障。程序公正是指在考核的处理与决策的过程与程序，对利益相关方与当事者都是公正的，不存在因为人为偏移与"走后门"而产生不公正、不合理的结果。方法可包括，自评、上级评、同事评、学生评等多种形式，达到公正、透明、科学，避免主观评价和人情因素影响，做到方法公正。

（二）和谐原则

和谐原则即以和谐理念为指导核心，坚持以融洽、协调为根本要求，评判高校思想政治教育过程和成果的准则。

第一，高校思想政治教育的灵魂、核心是和谐。思想政治教育要体现和谐的理念，讲解和谐的内容，追求和谐的目标，或者说，思想政治教育性质和要求即为和谐。所以，我们在评判高校思想政治教育时，必须坚持和谐原则，否则，评价就可能无的放矢或者南辕北辙。

第二，评价坚持和谐原则，才能促进高校思想政治教育的完善与发展。评价不是目的而是手段，即评价是为了推动、促进思想政治教育的完善、进步、发展。但是，不是任何的评价都具有推动、促进的作用，只有评价手段符合目的、有利于目的的实现，才能够较好地发挥出其推动、促进的作用。坚持和谐原则，有助于高校思想政治教育过程更加完善、效果更加明显，最终促进思想政治教育工作的进一步完善和发展。

第三，和谐原则对其他评价原则具有决定性作用。思想政治教育评价的原则有多个，但是，所有的评价原则都是由思想政治教育的性质决定的，都是为思想政治教育的实施和发展服务的。和谐原则集中地体现和反映了思想政治教育的性质，对其他的评价原则有决定性作用，即所有的评价原则都应以和谐理念为指导，都应遵从融洽、协调的要求。

坚持评价的和谐原则需要遵循以下要求。

第一，以和谐理念指导评价。既然和谐是高校思想政治教育的灵魂、核心和目标，既然坚持的是和谐评价原则，在评价的整个过程中，就必须以和谐理念为指导，即着眼和谐、注重和谐、追求和谐，让评价过程成为弘扬和谐、促进和谐的过程。

第二，既注重教育结果的和谐，也关注教育过程的和谐。评价首先关注的是结果，因为结果是人们追求的目标。但是，结果与过程必须是统一的，特别在思想政治教育方面，若没有过程的和谐，定难有结果的和谐。因此，必须坚持评价的和谐原则，既关注教育结果的和谐，也关注教育过程的和谐。

第三，评价活动的实施要和谐。评价能否发挥出推动、促进功能，关键在于评价活动如何实施。能否实施和谐评价取决于多方面的因素，主要有评价主体是否具有合理性、评价方法是否具有正确性、评价指标是否具有适当性。在坚持和谐评价原则时，上面诸因素都要注意到，要处理好各因素之间的关系。

第四，评价活动的效应要和谐。前面已说到，评价是手段而非目的。这一手段是否符合目的，是否有利于目的的实现，就是评价的效应。评价效应既取决于评价的指导思想、评价实施，又取决于评价做出的判断是否客观、公正。坚持评价的和谐原则，必须确保评价判断的客观、公正，这样，评价才具有促进和谐的效应。

（三）全面原则

全面原则即全面评价原则，就是说，高校思想政治教育评价要坚持全方位、多层面评价。从评价的两大方面看，就是既评价教育效果，又评价教育过程；从过程评价看，就是既评价教育的内容，又评价教育的方式、方法；从结果评价来看，就是既评价受教育者的思想和心理，又评价受教育者的行为。

高校思想政治教育坚持评价的全面原则，主要理由如下。

第一，通俗来讲，和谐是多种因素不断进行协调和统一的过程。要对高校思想政治教育进行评判，就必须看到高校思想政治教育的方方面面，看多种因素的状况及其作用的发挥，看多种因素的关系是否和谐。

第二，思想政治教育的成效由多方面显现。高校思想政治教育评价必须从整体出发，对思想政治教育实践的全过程及其社会效果做综合性考察与评价，以克服"只见树木，不见森林"或"只见森林，不见树木"的形而上学倾向。思想政治教育的成效是个多面体，从个体看，既有思想认识、心理素养、行为习惯，也有这样的思想认识、心理素养、行为习惯产生的客观结果；从社会看，既有社会的政治、经济、文化领域，也有社会生态、社会的持续发展；从思想政治教育本身看，既有已经历的过程及其成效，也有思想政治教育的进一步开展。所以，评价时不应仅就某一方面或侧面进行评价，而应该全面评价。

第三，思想政治教育的成效是多因素共同作用的结果。高校思想政治教育是非常复杂的活动，需要多种因素共同参与且协调、一致地发挥作用。例如，既需要合适的教育目标、内容、载体、方法，又需要积极、协调的教育环境；既需要教育者真挚的情感、较强的教育能力，又需要教育者以身示范。因此，只有全面评价才能掌握高校思想政治教育中多种因素的真实情况。

第四，全面评价能细辨优劣，促进思想政治教育的发展。高校思想政治教育活动中的要素众多且需要协调，全面评价才能辨别出问题所在，从而有针对性地采取措施，促进高校思想政治教育的健康、和谐、持续发展。

坚持好评价的全面原则需遵循以下要求。

第一，评价指标要全面。指标即规定的目标，是对高校思想政治教育中各项工作、活动制定的标准。有了标准才便于衡量，因此，全面评价需要有全面的指标，并按照各项具体指标逐一地、认真地进行评价。

第二，评价主体要全面。人的本质是社会性，人在各种社会关系中存在，任何单位、团体也必然参与社会活动，在与个人、其他单位、团体的关系中需要表现自身的社会性及社会作用。因此，对高校思想政治教育进行评价，应让所有知情者——评价对象的关系者成为评价主体，这样的评价才全面，才有利于克服评价的片面性、主观性。

第三，评价资料要全面。资料是评价的依据，全面评价就要全面收集资料，资料越全面、详尽，评价就越准确、客观。全面的资料是指既有教育活动方面的资料，又要有反映教育成效的资料；既有直接的资料——可以直接查获、取得的资料，又要有间接的资料——来自非教育主体的资料，这些资料有时可能更客观、真实。

第四，评价过程要全面。评价活动是作为一个过程而存在和进行的，全面的评价就要有全面的过程，即评价各个方面的工作要做足、做实、做细，而不是走过场。例如，确定适宜的评价模式、方法、指标，全面、详细地掌握评价资料，对获取的资料进行认真、仔细地核实与查证，对评价中的各项工作需坦诚地征询多方面的意见、建议等。过程的全面是全面评价的重要保证。

二、建立全新的高校思想政治教育评价模式

评价模式反映了思想政治教育的形态特征，且对于特定形态的思想政治教育有反作

用，还给评价提供了便于操作的样式。我们认为，高校思想政治教育的评价模式主要有质与量相结合模式、自评与他评相结合模式。

（一）质与量相结合的评价模式

质与量相结合的评价模式，即定性评价与定量评价相结合的模式。也就是说，高校在思想政治教育评价中，既要对评价对象的整体进行综合性评价，以鉴别和判定思想政治教育实践效果性质，又要运用数据分析，通过对评价对象表现出来的一些数量关系的整理分析，来相对精准地把握思想政治教育实践状况。

1. 质与量相结合评价模式的优势

高校思想政治教育评价主张采用质与量相结合的模式，理由有以下几点。

（1）事物都是质与量的统一。唯物辩证法认为，事物都包含一定的质，也都有一定的量，是质与量的统一。因此，高校思想政治教育评价，既要看其质，也要看其量，这样才符合事物的发展规律，才能使评价客观、准确、和谐。

（2）量的评价必须以质为前提。数学、统计学和计算机科学的发展为高校思想政治教育量化评价奠定了基础，量化评价在现实中逐渐被采用。但是，定性是定量的前提和结果，离开定性的定量评价毫无意义。

（3）仅有质的评价难以精确。质的评价是传统的评价方式，这种方式容易过多地依靠经验和印象，导致主观随意性，即仅有质的评价是难以精确的，是不科学、不和谐的。

（4）质与量结合的评价才准确。质是不同事物相互区别的规定性；量是保持事物性质的规定性。质的评价以便区分优劣，认识其性质；量的评价以便区分优劣的程度，对同性质的对象做出精确的鉴别。可见，质与量结合的评价才准确、和谐。

2. 质与量相结合评价模式的程序

一般来说，质与量相结合评价模式的操作程序如下：

（1）看、听、问——形成初步印象——有了初级的质。对高校思想政治教育对象的评价，不论是对个体的评价抑或群体的评价，一般来说，评价者先要通过看、听、问等活动。看评价对象的面貌、状态，听评价对象汇报，问评价对象的教育安排、效果等，对评价对象形成初步的印象及作出类似程度的初级判断。

（2）查、调、访——深入了解分析——获取足够的量。在有了初级的质的判断后，评价工作进入了重要的阶段——深入了解分析。一般来说，深入了解分析主要是通过查阅资料、调查、访问的方式进行的，查阅资料即查阅评价对象提供的反映本次评价情况的文本资料；调查即对文本材料、"看、听、问"阶段了解的情况等加以查证、核实；访问即深入受教育者之中，了解、掌握更具体的情况。通过这样的查、调、访，获取足够的量。

（3）依据量研究质——质与量相结合。在有了初级的质，获取了足够的量以后，分析量、研究质，对质做出更为精确的判断，即质与量的结合，才是更客观、真实的评价。

3. 质与量相结合评价模式的基本要求

在高校思想政治教育中运用好质与量相结合评价模式，基本要求有以下几个方面。

(1)质的判断必须以量为基础。在质与量相结合的评价模式中，初级的质的判断，可能没有充分的量作为支撑，但是，这时的质的判断，也是以"看、听、问"获取一定的量为基础的，否则，质的判断就是无据的。在获取了足够的量后进行质与量相结合的评价时，质的判断无论是对一定质的程度的判断还是不同质的判断，都必须以量为基础，否则，对质的断定就难以客观、准确，难以服人。

(2)进行量的分析要充分。在质与量相结合的评价模式中，量也是重要的，它规定着质，或者精确质，或者确定质。所以，进行量的分析时，要脚踏实地，认认真真，要了解足够的量、真实的量，对量的分析、研究要充分、精细，防止形式主义。

(3)进行质的判断要谨慎。起初质的判断对整个评价起着基础的、导向的作用；最后质的判断是对评价对象的质的判定。不论前者还是后者在评价中都是至关重要的，因此，在进行质的判断时要谨慎，尽力使判断客观、准确，否则，不仅评价失真，也可能会对评价对象造成很大的不利。

(4)量的分析必须以质为前提和导向。在质与量相结合的评价模式中，虽然量的分析是重要的和必要的，但是对于量的分析必须以质为前提和导向，即必须看清是什么质上的量，离开定性评价的定量评价毫无现实意义。

（二）自评与他评相结合的评价模式

所谓自评与他评相结合的评价模式，即将评价对象自我评价与其他评价主体的评价结合起来进行的评价模式。具体来说，就是一种被评价的教育者或受教育者（现实评价中，较多的是评价受教育者，因为受教育者的情况及表现可以直接反映出高校思想政治教育的成效，即便是对教育者评价，也主要通过评价受教育者来进行）对自己进行评价，其他评价主体（教育者、领导、专家或者相关人员）对评价对象进行评价，并将两个方面或多个方面的评价相结合，得出最终判断结果的评价模式。

1. 自评与他评相结合评价模式的优势

高校思想政治教育之所以倡导自评与他评相结合的评价模式，主要有以下几个原因：

(1)自评与他评相结合的评价有利于激发、调动评价对象的积极性。正因为评价对象最清楚高校思想政治教育的情况，而既往的思想政治教育评价没有或者很少让评价对象参加，致使评价不准确，并且难以被评价对象积极接受，所以，现在常运用自评与他评相结合的评价模式，让评价对象参与评价过程，这有利于激发、调动评价对象的积极性，使他们易于接受评价结果，从而更积极地投入持续的思想政治教育过程中。

（2）自评与他评相结合，评价才客观、准确。评价是为了掌握思想政治教育的情况和促进教育活动深入开展。评价对象最清楚思想政治教育的情况，他们是高校思想政治教育的主体和亲历者，对教育的过程及效果心知肚明，所以评价对象要自评。但是，现在有些人不那么坦诚、谦逊了，有的人还盲目自大，甚至弄虚作假。因此，不能仅有自评，还需要有他评，他评可以保证评价的客观性，自评与他评相结合，评价才会客观、准确。

（3）自评与他评相结合是对既往思想政治教育评价的改革和创新。上文已经谈到，应该让评价对象参与评价。特别在当代社会，我们倡导以人为本，人们的自主意识、民主意识、参与意识普遍增强，仅有他评，把评价对象看作机械的客体，这样的评价是很难让评价对象接受的。所以，思想政治教育提出自评与他评相结合的评价模式，以改革既往的、不合理的评价模式。

（4）自评与他评相结合，评价才和谐。虽然评价对象最清楚高校思想政治教育的情况，但是，较长时期以来，在现实评价中，评价对象难以参与评价，这导致评价仅关注了那些显性的东西，甚至形式，对教育过程及受教育者思想认识的提高、心理的变化等难以顾及，而这些却是思想政治教育中的重要方面。正因如此，对于评价给出的判断，评价对象往往有意见，这甚至影响了思想政治教育的开展。所以，坚持自评与他评相结合的评价模式，评价才会和谐。

2. 自评与他评相结合评价模式的基本程序

（1）评价对象自评。评价对象自评，即让评价对象对自己的思想政治教育工作（对教育者而言）或接受思想政治教育的过程与效果（对受教育者而言）作出评价。评价对象的自评，可以采用定性评价来定等级，也可以运用一定的量的表达来定分数。不管运用哪种方式，都必须有依据，即对判断有足够的支撑，以防止自评的虚假。

（2）其他主体评价。其他评价主体的个数难以确定，有可能是一个主体，有可能是多个主体，如教育者（对受教育者的评价）、受教育者（对教育者的评价）、领导者、专家学者、思想政治教育的职能部门、知情者（或同事，或同学，或家长，或朋友，或与被评价对象有较多交往者等）。参与评价的其他主体越多，评价的结果就越客观、准确，其他主体评价一般采用定性与定量相结合的评价模式。参与评价的其他主体务必抱着对评价对象、对社会负责任的态度，认认真真地进行评价，不可草率从事、搞形式主义及弄虚作假。

（3）自评与他评相结合。在自评与他评的基础上，将自评与他评相结合，即将两个评价结果进行整合。所谓整合不是将两个结果简单相加或按一定的权重计算得出最后的结果，而是要认真地对比、分析，研究各评价的客观、合理之处，对各评价结果"去粗取精，去伪存真"，然后由各评价主体的代表协商出最终的评价结果。

3. 自评与他评相结合评价模式的基本要求

（1）动员评价对象如实自评。较长时期以来，在高校思想政治教育评价中，自评未被重视，或者未被采用，原因是多方面的，如教育观念问题，没有把评价对象当作主体，以及社会理念问题，缺乏以人为本的理念等。但是，更主要的原因是不相信评价对象。现实社会条件下，弄虚作假者有之，自评很可能有一定的"水分"。因此，在采用自评与他评相结合的评价模式时，评价领导者、组织者要对评价对象加以动员、引导，让他们秉持求实的态度和作风，要告知他们除了自评还有他评，弄虚作假迟早会暴露。

（2）各评价主体独立进行评价。为保证各主体评价的真实性，在采用自评与他评相结合的评价模式时，各评价主体要独立进行评价，自主地表达自己的意见，否则就等于没有多个评价主体，还是一个主体主宰评价。特别是对于自评，要切实保证评价对象不被控制、操纵、愚弄，成为某个人或某些人的玩偶。

（3）其他主体评价要客观、公正。评价中保持客观、公正非常重要，否则就违背了评价的初衷——总结经验教训，推进高校思想政治教育持续、深入开展。其他评价主体的客观、公正，首先取决于态度的客观、公正，其次取决于工作的认真、扎实，特别是那些平时与评价对象接触较少、了解较少的评价主体，要保证评价的客观、公正，必须深入评价对象的日常教育、工作、生活中进行细致的观察、了解、调研。

（4）对评价结果的整合要科学。受评价者对评价对象的了解程度、评价者的观念和评价中的态度、评价者的水平、评价工作的认真程度等的影响，各评价主体的判断肯定是有差别的。那么，对于各个主体的评价如何赋以权重、整合？这是个复杂的问题，需要认真研究。一般来说，谁更知情，谁更懂得评价，谁获取的证据更有力，谁的意见就更为重要。在整合中，要充分发扬民主，让各评价主体平等地表达自己的意见、阐述自己的理由，通过民主协商得出最终的评价结果。

第三节 改进高校思想政治教育环境机制

人的生存发展及思想品德的形成、发展都需处在一定的环境之下。政治主张、道德教化、理论学说，都不是靠政治压力使受教育者接受，而是作为一种思想信息，在得到环境的验证之后才会被受教育者接受。当今社会实现了经济的全球化、科技的现代化、社会的信息化，高校思想政治教育宏观环境、微观环境均产生了巨大的改变，要做好高校思想政治教育工作就必须研究各类环境因素对教育的影响，不仅要充分重视和利用环境，更要有意识地去改造环境、优化环境，创造有利的环境氛围来实现教育目的，进而做好教育工作。

一、高校思想政治教育环境的含义

对大学生思想道德素质的形成、发展和高校思想政治教育活动开展产生影响，以及具有内在逻辑联系的一切外部因素，称为高校思想政治教育环境。它有三点含义：一是指环境影响大学生思想道德素质的形成和发展；二是指环境影响高校的思想政治教育活动；三是指环境的各种外部因素之间具有内在的逻辑联系。

政治因素、经济因素、文化因素和思想因素等共同构成了高校思想政治教育环境，这些环境因素影响了大学生思想政治品德的形成、发展以及高校思想政治教育活动的开展，但是这些因素产生影响的内容和方式是不同的。因此，研究高校思想政治教育环境的类型，有利于促进高校思想政治教育活动的开展。

二、高校思想政治教育环境的分类

（一）自然环境和社会环境

以环境构成要素的性质为标准，高校思想政治教育环境可分为自然环境和社会环境。自然环境是由一定的自然物质，如大气、水、生物、土壤、岩石、太阳辐射等组成的综合体。日月星辰、江河湖海、山川平原等，就是这种综合体的具体体现。自然环境是大学生赖以生存和发展的物质基础，它为大学生的健康成长提供必需的各种物质和进行活动的场所，对大学生的思想政治品德产生了一定的影响和作用。

社会环境是指人类社会在长期的发展过程中创造和积累的物质文化及社会成果的总和，包括政治环境、经济环境、文化环境、虚拟环境等。社会环境对大学生思想政治素质的影响是在社会的政治关系、经济关系和文化关系等与大学生发生相互作用的过程中产生的。

（二）宏观环境和微观环境

以环境构成范围的大小为标准，可以将高校思想政治教育环境划分为宏观环境和微观环境（也有学者将环境分为宏观环境、中观环境和微观环境）。宏观环境又叫整体环境，包括国际大环境、国内大环境和地区大环境，它是指国际或国内某一地区内各种环境因素的总和。微观环境又叫局部环境，是指与人们的活动直接相关的局部环境因素，如家庭环境、学校环境、社区环境、同辈群体环境等。一般认为，在宏观环境和微观环境中，既有自然环境因素，也有社会环境因素。比如，在宏观环境中既有山川、河流、平原、草地等自然环境因素，也有政治、经济、文化等社会环境因素。与自然环境相比较，宏观环境和微观环境中的社会环境因素对高校思想政治教育活动产生的影响是主要的。宏观环境和微观环境有着密不可分的关系，一方面，宏观环境制约着微观环境；另一方面，微观环境对宏观环境具有反作用，影响着宏观环境。

（三）优良环境和不良环境

根据环境对人影响的好坏，可以将高校思想政治教育环境划分为良性环境和恶性环境或不良环境。良性环境是指有利于大学生良好的思想政治品德产生以及高校思想政治教育工作进行的环境。相反，阻碍大学生思想政治品德发展和高校思想政治教育工作进行的环境为恶性环境。"入芝兰之室，久而不闻其香""入鲍鱼之肆，久而不闻其臭""近朱者赤，近墨者黑"等都形象而深刻地说明了环境对人的影响。因高校思想政治教育者是要善于利用和创造良性环境，引导大学生正确对待恶性环境。

（四）实质环境和虚拟环境

从环境组成要素来看，高校思想政治教育环境可以分为实质环境和虚拟环境。高校思想政治教育的实质环境指可以影响高校思想政治教育的各种物质因素的总和，它包括未经过人类加工改造的纯粹的物质环境和经过人类加工改造后的物质环境（即人化的自然环境），它涵盖了自然界中的属人环境、社会中的经济环境等。比如，名山大川属于前者，人文景观、爱国主义教育基地属于后者。虚拟环境是指影响高校思想政治教育和大学生思想政治品德形成及发展的各种社会精神因素的总和。比如，社会制度、社会文化、社会风尚、社会舆论等都是精神环境构成的要素。

三、高校思想政治教育要顺应国际、国内的宏观环境

国际、国内环境的存在与发展比高校思想政治教育工作系统更加稳定，它不以人的意志为转移，无论是高校思想政治教育工作的主体还是客体，都生活在其中并受它制约。因此，面对复杂的、多变的国际和国内环境，高校思想政治教育工作者的主要任务是对国际、国内环境中的各种因素进行筛选并利用。

（一）充分利用全球化环境的有利因素，发挥高校思想政治教育工作的意识形态教育功能

1. 经济的全球化使得人们思想更加解放、观念更加与时俱进

经济全球化使得文化、观念、生活方式更加多元，有利于扩展大学生的视野，促进大学生多角度地接触世界各国政治、经济、文化，在比较中取其精华、去其糟粕。同时，经济全球化有利于深化大学生对什么是社会主义和怎样建设社会主义的认识，能够促使他们逐渐摆脱原有的错误认识，在对社会主义本质、特征和体制的认识上发生巨大的飞跃，在经济全球化发展的大背景之下深入贯彻落实建设社会主义的理论、方针和政策，破除固有的思维模式，形成开放、兼容的新观念和新思维。

2. 经济全球化的发展为高校思想政治教育提供了更为丰富的内涵

在经济全球化的过程中不同的意识形态互相交汇融合，有助于我国主流的意识形态汲取经济全球化的养分丰富自身，促进大学生视野的扩展，使他们更清楚地认识到传统与现

代的差距，发现优点和不足，寻求加强和改进我国主流意识形态建设的新的着眼点，增强主流意识形态的包容性和吸引力，提高高校思想政治教育工作的效率和实效性。

（二）充分发挥党和政府的主导作用，创建和谐稳定的社会环境

政府是社会改造的组织主体，理所当然是优化思想政治教育环境的主体。20世纪德国著名社会学家诺贝特·埃利亚斯认为："国家削平了人与人之间的多样性……虽然国家机器以这样的方式将单个个人置于一种规范网络中，这种网络总的来说对所有的国家公民一视同仁，但现代国家并不是将人当作姐妹或叔伯，当作某个家庭组织或其他前国家整合形式的成员来对待的——现代国家这种组织形式考虑的是其成员的国家公民的权利和义务，因此，毋宁说，乃是把人当作单个者，当作个体人来对待的。在这个迄今最晚近的发展阶段上，此种国家的发展进程以它自己的方式推动了一种大众个体化的到来。"可见，政府是构建高校思想政治教育社会大环境的主体，政府对社会环境的调控和改造对高校思想政治教育工作意义重大。

高校思想政治教育环境不是单一的、封闭的，而是多维的、开放的。高校思想政治教育工作者可以利用改革开放、市场经济等有利环境，加强国家间的交流与合作。当前，很多国家基本上都采取政府、社会组织和个体三者间双向联结的三角模式，实现对个人社会角色的管理。这种三角模式的三级并非固定，可以设计为国际组织、国内组织和个体等。比如，最早源于20世纪70年代创立的欧洲青年中心和欧洲青年基金会，该机构定期召开国际研讨会和工作会议，设立常设机构，督促各国青年思想政治教育工作进行规划和具体落实，是一种国际组织、国内组织和个体之间的三角模式。又如，2000年由英国、美国、丹麦、瑞典、日本、巴西等国家的十几所著名大学及德国青年研究中心发起的以青年群体为中心，研究不同群体与个体的思想和行为问题，优化组合环境资源的国际研讨会议，以整合环境资源影响受教育者，形成了一种政府、研究组织和个人之间的三角模式。构建资源整合的三角模式，可以开阔视野、增长见识，为受教育者的角色自觉创造更加开放、多元、有利的环境条件。

（三）大力发展文化事业，优化文化大环境

优化文化大环境，就是要引导人们去寻找与建立同经济体制改革、政治体制改革相适应的新的思想观念和新的文化观念，将价值观教育持久地渗入文化活动载体之中。要用科学的理论武装人，用优秀的作品鼓舞人，努力繁荣文学艺术事业，大力发展哲学社会科学事业和其他文化事业，坚持各类博物馆、纪念馆、展览馆、烈士陵园等爱国主义教育基地的构建，培养学生的爱国情操。爱国主义教育基地要对全社会进行开放，针对学生集体参观，应实行免票制度。此外，处于不同地位的各级政府和企事业单位，要专门拨出一定的人力和物力，对大学生的公益性文化活动给予全面的支持。

加强对国内文化市场的管理，对于市场和网络环境中所流通的黄色书刊和音像制品要坚决、迅速地予以打击，要依法加强对学校周边的文化、娱乐、商业经营活动的管理，在校园200米范围内，不得建设有经营性质的娱乐场所，同时不得设置网吧和电子游戏经营场所。对于学校周围设置的，或是已经对学校的正常教学秩序和生活秩序产生影响的娱乐性场所，要及时组织力量，坚决予以打击，为大学生的学习创建一个安全、健康、文明的校园环境。

四、高校思想政治教育要不断优化家庭、学校和社区环境

思想政治教育环境是一个由众多子环境构成的系统，其中与人的日常生活、生产联系较为紧密的是家庭环境、学校环境、社区环境。在人的思想品德的形成和发展过程中，这三种子系统发挥着重要的影响作用。因而，优化高校思想政治教育环境要充分发挥这三种子环境的积极作用，坚持三位一体，形成强大合力，推动大学生的思想品德水平不断提高。

（一）优化校园环境，为高校思想政治教育工作提供健康的内部环境

高校是专门培养人才的特殊单位，是建立在一定社会关系基础上的社会组织体系。学校环境指的是由学校的教职工、教育内容、校园文化、校风、教风、学风等诸多因素构成的环境。在学校中接受教育的青年大学生，他们的大部分时间都是在学校中度过的，因此学校在对大学生进行文化教育的同时，也不能放松对他们思想道德的教育，这对未来高品质人才的培养极为重要。要提高大学生思想政治的教育水平，为他们提供一个良好的学校环境是必不可少的，这是当前高校工作的一个重点。高校必须对大学生的思想政治教育重视起来，既要为思想政治教育提供足够的资金和硬件设备，又要在整体上创造一种健康向上的校园环境，这有助于实现思想政治教育工作内容和形式的统一，获得良好的教育成效。也只有在这种情况下，才能鼓励广大教师对思想政治教育不断进行研究和探讨，改进自身的教学方法和模式，从而全面提高大学生的思想政治水平。

（二）优化家庭环境，为高校思想政治教育工作寻求有利的家庭支持

在所有的教育方式中，家庭教育是最有影响力和感染力的一种，这是因为家庭成员之间具有特殊的血缘、依赖和亲情关系，其对青少年的人格形成和发展具有重要的影响。家庭这种微观环境具有启蒙奠基、信赖感、潜移默化、连续不断的教育特点。从家庭教育的特殊性来看，它既是一种启蒙教育，是孩子最先接触的"老师"，又是一种终身教育，是孩子的"终身教师"。优化家庭教育环境，高校要保持与家长的沟通和联系，对家长进行思想政治、教育学、心理学等方面的理论教育，从整体上让家长认识到家庭教育在大学生成长过程中所起到的重要作用，从而提升大学生教育的科学性。家长在对大学生进行教育的过程中，还要不断提高自身的思想素质，起到良好的榜样作用，同时要为大学生的教育创造

一个和谐、民主、进取的家庭环境，促进其健康成长。

（三）重视社区环境，为高校思想政治教育工作提供良好的社区环境

社区环境与家庭环境和学校环境相比，具有很大不同，它犹如社会的一个缩影，成分较为复杂。良好的社区环境既可以为家庭生活、学校工作提供必要的物质保障和精神保障，也可以成为家庭教育和学校教育的有益补充。苏霍姆林斯基就曾经说过，"单单在儿童上学和回家的路途上，他们受到的思想教育就比在学校里待几个小时所受的教育都强烈、鲜明得多"。其原因"就在于这些思想是包含在形象里，包含在生活的各种画面和现实中的"。可以看出，在高校思想政治教育过程中，社区环境起着不可替代的作用。

1. 树立正确的舆论导向，创建优秀的社区文化

社区在为高校思想政治教育创造优秀的社会文化的过程中，应充分发挥大众媒体和社区宣传栏等的宣传作用，树立正面典型，宣传先进人物、先进事迹，创造积极、健康、良好的社会氛围，引导大学生树立正确的思想观念、价值取向。

2. 以优化社区的文化环境为中心

社区环境中对大学生影响最大的是社区文化环境，因此，必须切实加强社区文化环境的建设和管理，为全面实施思想政治教育创造条件。对社区内已经存在的文化设施要不断进行完善，同时不断增加新的文化设施，保证社区环境新鲜性、趣味性与教育性相结合，提高娱乐活动的质量，丰富人们的精神文化生活，使社区文化真正起到教育大学生、调节大学生身心健康的良好作用。另外，还要加强社区文化设施管理，维护社区正常的文化环境，从而保证社区文化设施发挥良好的教育作用。

3. 加强大学生的安全教育，远离社区中的不良环境

社区是社会环境的缩影，有很多方面是高校无法调控的，要想为大学生创造出一个良好的周边环境，就必须对学校内部加强管理。对大学生的教育不能仅是文化教育，还要对其进行安全教育、法制教育和自我保护教育，提高大学生的自我保护能力，促使大学生能够自觉地抵制不良文化产品的侵害。

需要注意的是，在对大学生进行自我保护教育的过程中，还应当重视教师的正确指引和教导，主要表现在三方面：

第一，教师要教育学生不要接触不良网络和录像，防止暴力和色情对自身精神的荼毒。

第二，教师要告诫学生远离对自身身心健康发展有害的娱乐场所，避免自身的思想或身体受到侵害。

第三，教师应与学生之间建立良好的师生关系，经常与学生进行沟通，帮助学生解决生活或学习上的难题，教育学生要珍爱生命、关爱他人。

第五章　我国高校思想政治教育工作的主要路径

第一节　丰富高校思想政治教育的内容

一、加强政治教育

政治教育是决定思想政治教育方向和性质的核心内容，也是其最高层次和最为重要的内容，旨在形成核心力的信仰性教育，主要包括政治观点教育、政治立场教育、政治方向教育、基本路线教育、理想信念教育、爱国主义教育以及形势政策教育等，政治教育总是同政党和阶级的意志紧密联系的。

意识形态工作是党的一项极端重要的工作，事关党的前途命运，事关国家长治久安，事关民族凝聚力和向心力。党和国家在现阶段如此重视意识形态教育，是因为它是保证我国政治意识形态不变色和国家不断走向胜利的关键。那么，怎样才能紧紧把握住意识形态的主动权呢？

第一，要认真学习马克思主义、毛泽东思想、邓小平理论、"三个代表"重要思想、科学发展观以及习近平新时代中国特色社会主义思想，认真学习马克思主义的观点和方法论，深刻认识和准确把握共产党执政规律、社会主义建设规律和人类社会发展规律。

第二，要加强党性教育，维护中央权威，同党中央保持高度一致，坚定政治方向，站稳政治立场，在大是大非面前保持政治定力。

第三，要坚定"四个自信"，即道路自信、理论自信、制度自信和文化自信。对于每个高校来说，加强以马克思主义为指导的意识形态教育是一项固本培元、凝魂聚气的战略工程，应该把"讲政治""讲正气"放在高校思想政治教育的首要位置，重视国家和人民利益，坚定大学生"任尔东西南北风，我自岿然不动"的政治立场。

二、深化思想教育

思想政治教育的根本内容是思想教育，它为思想政治教育的其他方面提供了价值理念、世界观和方法论基础，是注重启发、说理和引导的认知性教育，也是在思想政治教育中最经常、最普遍出现的教育。思想教育又细化为系统性教育和日常性教育。系统性教育解决的是长远性和根本性问题，如世界观、人生观、价值观等；日常性教育解决的是日常生活化和现实微观性的问题，如工作、学习、生活中的具体问题，是系统性教育的具体外化。思想教育主要包括世界观教育、人生观教育、价值观教育、方法论教育、爱国主义、集体主义、社会主义教育、艰苦奋斗教育、科学精神和创新精神教育等。

（一）德才兼备、以德为先的人才观教育

人才是社会建设中最珍贵的资源，而德是人才所应具备的首个要素。坚持德才兼备、以德为先的用人标准，是我们党选拔任用干部的前提条件，也是各级党组织培养教育干部的基本要求和总体目标。我们党能够带领中国人民从贫穷走向富强、从落后走向繁荣，最不能忽略的一点就是坚持了德才兼备、以德为先的用人标准，它使党的事业薪火相传、繁荣昌盛。

首先，做到以德修身。以德修身就是指以高尚的品德来指引个人做人、立事、为官。大学生是祖国未来发展最直接的形象代表，大学生自身的道德建设在整个社会中有着不容小觑的作用。它不仅关系着党的兴衰存亡，更关系到整个社会的道德导向。以德修身要求大学生自觉做到：具有坚定的政治立场和高度自觉的大局意识。立场是旗帜和方向，坚定的政治立场是广大党员干部做事的根本，没有它就会失去方向感。要有坚定的政治立场，就要用理论知识来武装自己，当代大学生要认真学习和掌握马克思主义、毛泽东思想、邓小平理论、"三个代表"重要思想、科学发展观、习近平新时代中国特色社会主义思想，深入学习和掌握中国特色社会主义理论体系，形成辩证唯物主义和历史唯物主义的世界观和方法论，这样才能树立坚定的政治立场，为党的事业贡献力量。同时，要具有高度自觉的大局意识，把党的事业作为自己的责任，居安思危、未雨绸缪，时刻想着党，奉献于党；树立修身无小事、修身需终生的意识。青年大学生要强化修身无小事的意识，"勿以善小而不为，勿以恶小而为之"，坚持在点滴中成长，在成长中立德。树立做人、立事、为官就是修身的意识，达到生命不息、修身不止的境界，养成终生修身的良好习惯。

其次，做到以德润才。以德润才就是让德与才相互促进，共同发展，帮助大学生成为素质全面的人才。在以德领才的基础上，德与才得到一定的发展，二者相互促进，互为提高，才能以德来滋润才能、提高才能。才就像一把利剑，锋利无比、所向披靡。但是，一把再好的剑也表演不了十八般武艺。德就如转换器，把剑转化成表演需要的各种武器。以德润才堪比画龙点睛，缺少德的才显得枯燥乏味。以德润才要求青年大学生在德与才的发

展上，用德促才，全面提高自身的各种素质。在提高自己才能的同时，加强自身的修养，用修养来净化心灵，为才华的发展提供更广阔的空间。德为才提供了良好的氛围和成长的环境，才在德的滋润和呵护下，得到了更好、更快的发展。以德润才，才的成长就如顺水推舟，个人才能也只有在德所营造的良好条件下才能沿着正确的道路前进。

最后，做到德才兼备。德才兼备就是既重德又重才，是人才所要具备的两个重要素质。人才就要德才兼备，二者缺一不可。德才兼备的大学生是我党事业发展的栋梁，能否培养好德才兼备的大学生影响着党的事业的发展和国家的兴衰。近年来，我国高校培养了一大批优秀人才，建立了较好的育人用人机制，但是在这个过程中也时常出现一些问题。所以，我们从中得到警示：高校思想政治教育要加大对创新人才的培育力度，鼓励多种模式下对人才培养的探索，借鉴国外先进的理念，多管齐下，培育更多优秀的人才。此外，各高校还要摒弃"急功近利"的人才观。人才的培养和发展是一个长期、曲折的过程，没有近路可以走，也不能走近路，在这个过程中，需要高校思想政治教育工作树立高瞻远瞩的战略意识，真真切切地培养政治立场坚定、思想素质突出的社会主义建设者和接班人。

（二）厉行节约的艰苦奋斗教育

艰苦奋斗教育是思想政治教育工作中不容忽视的内容。艰苦奋斗、勤俭节约的传统美德，为我国取得新民主主义革命的胜利以及进行社会主义建设作出了巨大贡献。近几年，我国经济的快速发展，使人民群众的生活水平得到了提高，但也使一些人渐渐地淡忘了艰苦奋斗这一精神。社会上充斥着攀比消费等不良风气，极大损害了党和政府艰苦朴素的人民公仆形象，对社会主义建设事业产生了巨大的影响。不仅如此，这种风气还传入了校园。这就给高校思想政治教育工作者提出了一个新的要求：在对大学生进行思想政治教育工作中，应把艰苦奋斗教育作为重点内容，让青年大学生自觉行动起来。

首先，组织学生学习老一辈无产阶级革命家为了取得胜利而艰苦奋斗的精神。如过去的延安交通闭塞，经济落后，在面对国民党的封锁时，毛泽东号召根据地军民自己动手，丰衣足食，开展了大生产运动，部队战时作战、闲时种地，几年下来，铸就了延安军民的铮铮铁骨和艰苦奋斗的精神。在当今这个富强繁荣的新时代，需要继续发扬延安精神，把坚定正确的政治方向放在第一位，积极接受共产主义理想教育、社会主义必然代替资本主义的教育，树立崇高的民族自尊心和自信心。其次，重视道德建设，用以集体主义为核心的共产主义道德教育学生，提倡"毫不利己，专门利人""人人为我，我为人人"的道德风尚，克服和抵制"专己打算""人人为自己，上帝为大家"的资产阶级自私自利的道德观念。最后，加强艰苦朴素、勤俭节约的作风教育，帮助广大学生树立社会主义主人翁意识和"过紧日子"的思想。青年学子作为社会主义事业的接班人，他们的未来直接关系着中华民族的整体素质，关系着国家的前途和命运，所以，必须进行思想政治教育。当今的青年人，没有经历过艰苦岁月，对中国的国情也了解不深，一些人怕艰苦、图享受，尤其在市场经济负面效应的影响下，不少青年崇尚"金钱至上"的观念，强调自我价值，奉行所谓"理想理想，有利就想；前途前途，有钱就图"的错误理念，导致人生价值观扭曲。革命精神以为人民服务为核心，这是我们党的根本宗旨，是无产阶级的人生观，也是培养教育青年学生和加强思想道德建设的宝贵教材。用革命精神培育合格人才，努力提高大学生的思想道德素质，培养有理想、有道德、有文化、有纪律的"四有"新人，是我们党的一项重要的战略任务，是党和国家事业后继有人的重要保障。

三、提升道德教育

道德教育是思想政治教育的基础内容，是内省和自律的伦理性教育，是内化于心、外化于行的养成教育，主要包括社会公德、职业道德、家庭美德、个人思想道德"四德"教育以及生命道德、生态道德、人道主义道德、网络道德、科技道德等教育。现阶段，高校对大学生进行道德教育的重点主要是社会主义核心价值观教育，可从以下五个方面展开分析。①从地位和作用来看，习近平总书记称为"人生第一颗扣子"，对"立德树人"来说有重大的意义。②从性质来看，社会主义核心价值观，其实就是一种德，既是个人的德，也是一种大德，是国家的德、社会的德。国无德不兴，人无德不立。③从内容来看，有三个层次共24个字，即国家层次倡导"富强、民主、文明、和谐"，社会层次倡导"自由、平等、公正、法治"，公民层次倡导"爱国、敬业、诚信、友善"。④从根本要求来看，要"明大德、守公德、严私德"。⑤从实现路径来看，一要勤学，二要修德，三要明辨，四要笃实。高校思想政治教育工作要注重宣传教育、示范引领、实践养成相统一，注重政策保障、制度规范、法律约束相衔接，以实际行动促进践行社会主义核心价值观，既要在"大事"上看德，又要在"小节"中察德。在具体行动上，要努力教育和引导大学生成为社会公德的示范者，严于律己，垂范德行；积极做职业道德的引领者，努力工作，恪尽职守；争当家庭美德的模范，在事业和家庭中寻找平衡点，尊老爱幼，担当责任，以身作则；做公民道德的有心人，乐于助人，乐于奉献，从细微和平凡处入手，言行举止要体现素养，成为"爱惜羽毛"的重声誉的有德之人。总之，高校应当教育大学生努力践行社会主义核心价值观，追求"讲道德、尊道德、守道德"的生活，为形成"知荣辱、讲正气、做奉献、促和谐"的社会风尚作出贡献。

四、加强心理教育

心理教育是思想政治教育的重要前提和驱动力，是重在劝导、激励和体验的疏导自励性教育，包括心理健康方面的知识性教育、咨询性教育和发展性教育等。当今社会被称为压力社会和风险社会，加之我国正处于从传统向现代的转型期，来自工作、生活、家庭等多个方面的压力令人无法承受。自从进入新时期，高校大学生面临的压力主要有以下几个方面：

其一，就业压力。随着技术的进步，劳动力的需求结构不断变化，即对技术工人，特别是对熟练的技工的需求越来越大，而劳动力的供给结构却跟不上形势的变化，以至于没有一定技能的劳动力越来越难找到工作，而迫切需要专业技工的单位却找不到合适的人选。对于刚毕业的大学生来说，大多数只是单方面拥有理论知识，而缺乏操作能力，所以就业比较难。毕业的大学生主要的就业领域是现代服务业，如果这个第三产业不能迅速发展，就很难缓解就业压力。

其二，学业压力。部分大学教材变得越来越不适用，有时还会因为老师的需要增加各种课程，给学生造成了巨大的学习压力。此外，学生还要不断去学习各种对将来就业和升学有益的课程以及考取各种证书。另外，有许多大学生因为就业压力大，选择继续读硕士或博士，报各种考研培训班，早出晚归，开始像高中一样地生活。再者，近年来高校评分制度不断改革，大学生如果疏忽大意，极易考试不及格导致重修，严重的还会被取消学位，不能顺利毕业。因此，保证每门考试都顺利通过给一部分学生造成了一定的压力。成绩比较好的学生在这方面的压力较小，但他们也面临着另一种压力，那就是争取名次和申请奖学金的压力，他们会时刻关注竞争对手的动态，不断给自己提出新的要求，制订更高的目标和更严密的学习计划，努力赶超竞争对手。而对于那些选择了考研的学生来说，他们所面对的学业压力更大，不仅要把平时考试的科目学好，以顺利通过考试，还要把考研所需的课程弄懂，掌握大量的知识。

其三，经济压力。对于大学生来说，每年的学费虽然不高，但有很大一部分学生不愿意向父母伸手要钱，他们宁愿兼职挣钱。还有一部分贫困生在入学时申请了助学贷款，毕业后助学贷款反而成为一种负担，使得他们更加力不从心。所以，教育致贫的家庭又成了现在社会扶贫的对象。

其四，心理压力。大部分大学生都感受过学习的压力，长此以往，其精神长期处于高度紧张的状态，极易产生焦虑等不良反应，最终有可能导致精神分裂等心理疾病。目前，中国高校在校生中约有20%是贫困生，而这其中5%～7%是特困生。调查表明，70%以上的贫困生认为自己承受着巨大的学习压力和生活压力。这些压力给他们造成了较大的心理困扰，而他们并不懂得如何去化解。另外，大学生对情感方面的问题不能正确认识与处理，也直接影响着大学生的心理健康。大量案例表明，大学生因恋爱所造成的情感危机，是诱发大学生心理问题的重要因素，有的人因此而走上极端，甚至造成悲剧。大学生的情感困惑和危机而引发的心理主要表现在两个方面：一方面，误把友谊当爱情。有些同学在与异性的交往中，不能准确地区分友谊和爱情，给双方平添了许多的烦恼。另一方面，将爱情摆错了位置。有些同学将爱情摆在了人生的最高地位，奉行爱情至上主义，这样的恋爱观，很容易让人对人生目标产生曲解，持有这种恋爱观的学生在求爱失败或失恋之后，情绪和行为极易失控，失去理智，甚至产生悲观厌世的情绪。此外，还有功利化或者片面对待恋爱的，有的是在自己心中幻想出一个脱离现实的恋爱对象，有的是仅仅把恋爱当作摆脱孤独寂寞的方式，这样产生不了真正的感情，也得不到真正的爱情，还会给彼此的感情留下一片阴影。

从以上这些实际问题来看，高校对大学生进行一定的心理干预和心理健康教育十分必要，如将心理健康教育纳入大学生思想政治教育培训的范畴中，根据大学生的实际需要进行有针对性的心理辅导。同时，高校有必要创建一套心理健康跟踪系统，对大学生心理健康问题做到早发现、早帮助、早治疗。我国在心理健康这方面的教育还比较落后，要想使大学生能够得到有效和及时的帮助和治疗，国家和社会应当鼓励和支持高校建立心理健康机构，为他们提供政策和资金方面的支持，给大学生提供一个健康的保障。

第二节　创新高校思想政治教育的方法

方法即"行事之条理"，被培根称为"心的工具"。方法在思想政治教育中的重要作用不言而喻。从实效性来看，方法落后、无效一直是影响思想政治教育实效性的重要原因。从这一角度看，高校思想政治教育要与时俱进，不仅要有先进的教育理念和与时俱进的教育内容，同时必须创新改革教育方法，增强自身的实效性和科学性。

一、传统方法和现代方法互补

思想政治教育方法要"管用"，就必须不断弃旧纳新，紧跟时代的脚步。目前，高校思想政治教育的方式方法还比较落后，不能适应新形势和新任务的时代要求，有的甚至还停留在计划经济时代，缺乏新观念，内容不鲜活，方法老套，政治色彩浓厚，远离大学生的生活，这些"被动式说教"的政治工作很难获得真正有效的德育成果。创新高校思想政治教育方法，必须在继承中创新，古为今用、洋为中用，使传统方法和现代方法互补共通、取长补短。中国古代思想政治教育方法和传统的思想政治教育方法仍有许多值得我们借鉴的地方。古代思想政治教育方法主要有内修和外化两种：外化即社会教化，包括思想灌输、化民成俗、身教示范、践履笃行等方法；内修即自我修养，包括学思结合、自省、克己、慎独等方法，伦理方法政治化是古代思想政治教育方法的特色。传统的思想政治教育方法主要有说服教育法、情境教育法、情感教育法、自我教育法、实践教育法、典型教育法、和谐教育法、理论学习培训法、宣传教育法、环境熏陶法、疏导教育法、比较教育法、对比教育等，这些方法基本符合人的思想品德，是实用有效的方法。但是现代社会发展迅速，人的思想呈现出复杂化、多样性、个性化的特点，给思想政治教育工作带来了新的机遇和挑战。因此，高校思想政治教育工作必须积极改进、创新和融合教育方法，使其适应时代的不断变化。

总体来看，高校思想政治教育方法应当从单向交流向立体式交流转变，从被动式向主动式转变，从封闭式向开放式转变，从灌输式向启发式转变，多采取讨论式、对话式、情景式以及寓教于乐等教育方法，增加系统分析、信息预测、调研评估、信息技术、网络大数据、心理咨询、人文关怀、自我激励、整体评估等现代方法。在发展趋势上，高校思想政治教育要做到传统方法和现代方法彼此融合，积极探索适应大学生主体意识的新观念、新方法，在开创"新世界"时也不忘继承"旧世界"。正如马克思所说："新思潮的优点恰恰在于我们不想教条式地预测未来，而只是希望在批判旧世界中发现新世界。"

大学生思想政治教育强调实事求是、平等信任、正面引导和讲求实效的原则，只有多角度、多侧面、多形式地加大高校思想政治教育传统方法和现代方法融合的力度，才能形成教育合力，达到教育效果。事实上，不管哪一种教育方法都不是完美的，都会有自身的缺点，所以不能用时间来划分思想教育方法的好坏，而要用实践来检验实际效果，并根据主体需要适时对其进行调整，使传统智慧和现代理性相结合。比如，传统说理法是传统思想政治教育最基本、最普遍的方法，其优势在于"以理服人"，理不通、情不到，教育就没有效果。在高校思想政治教育工作中，可以将这种方法进行转换，变为"以理服人、以文服人、以德服人"，同时对其增加四个字的要求：真、实、深、活。"真"就是用真理说服人，用真情感染人、打动人；"实"就是做到目标切实、内容确实、方式务实；"深"就是讲透大道理、辩明小道理、批驳歪理；"活"就是激活教育主体，盘活教育资源，用活教育手段。高校要改进讲授式教学方法，大力推广模拟式、研究式、体验式等现代教学方法，以提高大学生思想政治教育的效率，增加其吸引力和感染力。

二、显性教育和隐性渗透相结合

要创新高校思想政治教育的方法，应当把它的显性方法和隐性方法有机结合，使二者互补，根据大学生的思想实际和具体情况综合加以运用，来扩大其效果。在理念上，高校思想政治教育要将各种显性的理论、实践教育方法，以及家庭、社会、单位等多方隐性方式有机结合，使显性方法的直接导向、鲜明影响、快速奏效与以浸染、弥散、自我教育和内化为特点的隐形方法相联系，以发挥两者融合的最大功效。在实施上，一是联合、互补，各尽其用，坚持把显性教育方法作为主体使用，使其占据主阵地，弘扬主旋律，发挥正能量；在教育环境、教育氛围、教育文化资源等方面，积极利用隐性方法来补充，使其渗透到工作和生活的方方面面，包括制度建设、文化活动、精神文明建设等，全方位施以影响。二是差异化和个性化两种方法，根据需要来选择。在政治路线、政策解读、政治宣传和教育培训以及道德认知等方面，要充分显示教育的优势；在价值观塑造、道德意识培养、道德情感升华、思想状况观察、道德行为选择等多个方面，隐性教育能够更好地被大学生接受。值得注意的是，显性方法不能简单地被隐性方法替代，两者各有各的优势，可以互相补充。

三、教育培训和自我教育同构

教育培训和自我教育是思想政治教育两种不同运行机制的表现方法，教育培训是他律，而自我教育是自律。从本质上看，自律是一个人思想发生变化的内因和依据，而他律是条件和前提。他律必须通过自律才能起作用，两者相辅相成，缺一不可。一方面，大学生思想政治水平的提高离不开长期教育；另一方面，大学生思想政治教育的效果从根本上要通过自身的思想矛盾运动——学习、内省、慎独来实现。

由此可见，高校思想政治教育方法的现代传承和时代转换的问题，必须实施教育和自我教育同构、他律和自律相结合的教育方法。在高校思想政治教育实践过程中，教育者和受教育者之间必须建立起平等民主、互尊、互助、互学的现代新型关系，通过双边的思想交流和积极参与，调动各自的积极性。在高校思想政治教育培训中，教育者要充分调动受教育者的自主教育意识和自我参与的积极性，可以运用结构化研讨、行动法、小组研讨、情境体验等方法，引导他们自主学习、自我反思和思考、自觉参与，使他们无障碍地快速进入自我教育的领地，最终达到自我教育的目的。因此，教育培训者不能自言自语、自导自演，脱离受教育者，而是要使出浑身解数，去发动和感染受教育者，双方充分展开交流和互动，这样才能使教育培训具有实效性和感召力。在现代科技条件下，网络信息技术和舆论媒体凭借丰富的信息资源和平等民主的技术理性充当起了教育者的角色，但这个角色所起的作用参差不齐：可能会给自我教育带来正面的激励，也可能带来负面的刺激和影响。

总之，高校思想政治教育的每一项内容都需要在实践中慢慢被受教育者接受和认同。高校思想政治教育的对象是具有较高文化素质和丰富阅历的社会栋梁，他们可能会抗拒单一被动的接受型教育方式，会自主选择和接受适合他们的方法。因此，教育者需要合理选择教育方法，并使之渗透进大学生自我教育的范畴中，从他律到自律，由外到内，实现教育与自我教育的结合、优化。

第三节　拓展高校思想政治教育的载体

对高校思想政治教育时代性的研究，要跟时代的发展相贴合。科学技术的不断发展进步，给人们的生活带来的便利同时也改变了人们的思维观念和生活习惯。随着社会的发展，时代的进步，人的特点也发生了改变，需求也变得越来越多。高校思想政治教育要实现时代性，就必须对思想政治教育载体进行创新，促进人的全面发展。这就要求高校思想政治教育工作必须适应现代人的特点和要求，改变传统方法中和现代不相符的地方，巧妙地将教育方法与新时代的载体相结合。新时代载体包括手机终端、网络传媒（主要有微博、博客）等，呈现出立体化、虚拟化、数字化的趋势，如现在在一些高校试点的 BBS（网络论坛）、易班网等，都是通过网络平台建立了人与人直接沟通的桥梁。

在高校思想政治教育体系中，载体处于重要地位。新时代影响着思想政治教育载体的方方面面，并且其社会化的趋势越来越突出，思想政治教育主客体及身份发生了多种变化。为了适应新情况和新变化，解决新问题，高校思想政治教育工作者应该将跨界思维向理性思维转变，创造覆盖范围广、承载信息多的载体，并且生成"载体合力"。这样，不仅给新时代高校思想政治教育提供了新平台，也充分体现了思想政治教育实效性的迫切要求。

一、高校思想政治教育载体的运行状况

（一）高校思想政治教育载体的内涵及形态

"载体"一词最早出现在化学领域，是指能存储、携带其他物质成分的事物。"载体"在 20 世纪末被引入思想政治教育领域，开始的时候，人们用"手段""方法"和"途径"等说法来描述思想政治教育的承载和传播过程的介质，后来在理论研究中出现了"思想政治教育载体"的概念，但只是对载体种类的一个简单描述。随着新媒体时代的到来，学术界开始关注、重视和研究新媒体对高校思想政治教育的影响。目前，对高校思想政治教育载体的研究，大多是围绕基本形态特点、运用创新等主题。

1. 内涵

相对来说，思想政治教育载体是一个较新的概念，人们对其概念有不同的观点和认知。有的人说思想政治载体是将教育主体和客体连接起来的桥梁和纽带；有的人说思想政治教育载体是"载体中介"；有的人说思想政治教育载体是一种活动形式；也有的人说这是思想政治教育的基本要素之一。

对于思想政治教育载体的描述，张耀灿这样定义：思想政治教育载体是指在思想政治教育过程中，能为思想政治教育主体所运用，能承载和传递思想政治教育的信息和内容，能促使思想政治教育主客体之间相互作用的活动形式和物质实体。从整体看，可以从以下两个方面理解这个概念。

一方面，只有以下三个基本条件同时具备才能形成载体。

其一，可以让教育者运用和控制。

其二，必须能够承载思想政治教育的目的、内容等信息。

其三，能够联系主客体，带动主客体互动。

总而言之，思想政治教育载体所具有的特征有中介性、可控性和承载性。

另一方面，要区分清楚思想政治教育载体和方法的关系。很长一段时间，人们将其归到思想政治教育方法论中，并不是把他们当作一个独立的内容去研究，而要处理好它们之间的关系，必须借助载体。运用思想政治教育方法，如辩证法就需要通过辩论类的活动，将这种形式作为载体。另外，载体能传递思想政治教育的信息内容，但方法不能。方法的含义有很多种，通常是指为获得某种东西、达到某目的而采取的手段和行为方式，这是两者最大的不同。

2. 形态

国内外的研究对载体的形态有不同的分类标准，因此思想政治教育载体的基本形态由于分类标准不同而大不相同。学界按照不同的分类标准，划分出不同的类型，如按照基本物质样态划分为行动载体和语言载体；按照承载物的性质划分为物质载体和精神载体；按历史发展划分为传统载体和现代载体等。虽然出现的形态不同，但它们的缺点是一样的：都是根据载体的外在形式而不是思想政治教育中的主体差异来作为划分标准。所以，从活动主体和方式的差异性方面入手，我们可以将高校思想政治教育载体分为五大类，分别是物质载体、课程载体、精神（文化）载体、管理制度载体、传媒载体。总之，对高校思想政治教育载体的形态分类应依据思想政治教育活动的过程进行分类。

（1）物质载体。这里的物质载体说的是校园物质载体，有校园建筑设计风格、校园的景观、校园生态环境等。大学生在这样的现实空间环境里学习和生活，会慢慢地适应并接受校园所传递出来的人文气息。校园环境经过历史的积淀，具备了文化价值，承载着厚重质朴的大学精神，所具有的潜在教育意义是任何其他方式都无法比拟的。所以，一直以来，高校都特别注重对校园物质环境的建设，希望营造一个健康、积极、绿色、优美的校园生活环境，对大学生道德情操产生正面影响。

（2）课程载体。课堂教学是高校开展思想政治教育最直接的方式，也是最显著、最突出的载体。这里所说的课程载体就是课堂教学，方式就是上思想政治理论课，当然也包括其他专业课程、人文素养课程等，这对大学生有着最权威、最直接的影响。课程载体有许多突出的特点，比如有相对稳定的载体形式，有明确的教育目标、内容和评价体系，还有制度上的保障，等等。现在，思想政治理论课在高校开展的课程主要有《中国近现代史纲要》《思想道德修养与法律基础》《马克思主义基本原理概论》《毛泽东思想与中国特色社会主义理论概论》《形势与政策》等，这些都是必修课，是高校教学计划中要求每一名学生都必须掌握的，是向学生传授马克思主义基本理论的手段，也是帮助他们树立科学的人生观、世界观、政治观、价值观、道德观和法治观等的主要阵地和渠道。教育的基本理念是"教书育人"，对于其他人文素养课程和专业课程，教育者在灌输知识的同时也要有意识地将人文素养和科学精神渗透其中。

（3）精神（文化）载体。这里的精神（文化）载体主要指的是校园各种文化类活动，如辩论活动、知识竞赛活动、谈话咨询活动，这是高校思想政治教育过程中传递信息、进行交流的一种精神手段。比如，组织学生参加各种不同的活动，将思想政治教育的内容巧妙地融入活动中，让学生乐于参加；将科学性、趣味性、思想性和娱乐性融入载体的精神文化活动中，通过参加一系列的活动，受教育者能慢慢地被这种氛围感染，渐渐学会对事物的辨别、判断、比较和取舍，获得知识上的拓展，从而形成积极向上的人格品质，培养团队精神和竞争意识。所以，高校思想政治教育工作者要有计划、有目标、有针对性地开展一些社会实践活动、校园文化活动、青年志愿者服务活动和各种咨询谈话类活动，将精神载体的作用充分发挥出来，慢慢将其融入大学生的生活和学习中，提高他们的道德素养。在思想政治教育过程中，如果不同类型、不同级别的文化精神活动载体发挥出了集体的教育作用，在集体的氛围中，受教育者就会逐渐被影响，那么咨询谈话活动就是个体思想政治教育的载体。教育者通过单独谈心、座谈会或者其他的方式，了解受教育者的心理活动、思想和观念，帮助他们解决在思想上或者认识上存在的问题。通过一系列的谈话，能将教育内容转变为细致入微的关怀，能够深入谈话对象的内心深处，让他们打开心扉。

（4）管理（制度）载体。陈万柏认为：管理载体就是"以管理为载体"的意思，是指在管理活动中，思想政治教育内容和管理手段相互结合，以规范人们的行为，从而调动人们在学习、生活、工作等各方面的积极性，提高人们的思想道德素养。这里的制度载体就是指高校的管理制度，包括管理制度所使用的管理手段、所投射的管理理念和管理体制所体现出来的一系列服务工作。比如，大学生的日常行为管理、教学管理、班级管理等，其特点是：具有一定的强制性和规范性。在教育过程中制度权威和行政威慑力比较突出，教育者主要依据规章制度和组织纪律来应用载体，致力于大学生的日常行为规范的养成，以书面形式或者条文的形式表现出来，具有强制性。管理是一门艺术，也是一门科学。科学、民主、公平、规范的管理，本身就是在进行一种思想政治教育。在高等院校，诸如学生考试作弊行为反映出来的诚信等一系列问题，可以通过强化学校的规章制度来解决，问题就能够得到有效的控制。

（5）传媒载体。传媒载体是指大众传媒向受教育者传播思想政治教育内容，让大学生在享受娱乐的同时，不知不觉受到思想政治教育。传媒载体既包括传统大众传媒，也包括新媒体。传统大众传媒包括杂志、电视、广播、书籍、音像制品、电影等，有着众多的载体形式，给教育者和受教育者带来很多选择。就像李普曼所说："我们的'身外世界'即现实环境越来越广阔，人们已经很难直接去亲身体验它、理解它，现实环境已经成为'不可触、不可见、不可思议'的环境。"大众传媒所创造的虚拟的"媒介环境"就是这里所说的环境，人们在这里听到的、看到的、感受到的是已经被处理和演绎过的世界。

综上所述，通过大众传媒进行高校思想政治教育有很多优点，其中有两个优点比较突出：一是将思想政治教育的覆盖面扩大；二是思想政治教育的时效性得到了加强。对于现在的大学生来说，他们对现实社会的理解，对所处环境的认知，更倾向于传媒，特别是新兴传媒。大众传媒载体渐渐成了一种教育方式，一个思想政治教育理论研究的热点，一种实践运用的重要载体。

（二）缺失现象在传统思想政治教育载体运行中的体现

高校思想政治教育载体离不开思想政治教育过程。当前，高校思想政治教育载体建设的突出成就有：职业化的队伍建设、人性化的管理、多种多样的形式。但是，由于高校思想政治教育工作者没有正确地认识载体的作用和功能，没有一个清晰的概念，所以在载体的运行过程中出现了一些问题，主要表现为下面几种现象。

第一，对新媒体重视度不够，由于对其在教育系统中的作用没有一个清晰的认识，导致对新载体形态的挖掘不够。人们没有想到新媒体是需要一定的技术支持的，并且相关人员的思想观念也需要与时俱进，特别是新媒体客观存在的各种负面影响，对此必须要有全面的认识，应及时采取一系列的规避措施，抑制负面影响，使其充分发挥积极作用。

第二，盲目跟风。从20世纪90年代开始，随着人们对思想政治教育载体的研究慢慢增多，渐渐认识到思想政治教育载体的地位，这在一定程度上削弱了高校思想政治教育的实效性。目前，思想政治教育载体在运行过程中被随意使用，且在使用中有严重的盲目跟风现象，这都是由于思想政治教育工作者能力欠缺和载体理论研究落后等造成的，严重阻碍了思想政治教育在载体功能方面的发挥。其主要体现在高校老师在新媒体的运用上热衷于以网络流行的视频的方式授课，或只是一味地阅读课件，只传授书本上的内容，不做深入扩展，从而使得以前行之有效的谈话和咨询方式被各种通信工具所替代，大大削弱了学习效果。

第三，思想政治教育系统是一个开放、整体、动态的特殊生态系统，而非封闭、局部、静态的。作用力明显分散于各种载体的运用，分化了思想政治教育系统的整体性功能。单纯的几次校园文化活动或者思想政治理论课并不能产生明显的效果。各种载体之间明显的分割问题和彼此间缺乏联系及配合，导致各载体力量状态自发、散乱，结构分布不合理。例如，课堂教育是目前高校思想政治教育的主要方法，但这种传统枯燥的教学手段，让大学生越来越感觉不到老师的关怀，开始出现抵触情绪，从而无法取得很好的教学效果。这就需要我们的教育工作者集各载体力量之长，形成"载体合力"。

第四，新媒体时代下的传统思想政治教育传媒载体出现盲点。传统媒体较新媒体存在重单向传输轻互动对话、重主流而忽视非主流的倾向，而新媒体时代，人们的选择和需求更加多样，获取的信息也更加丰富。这不仅阻碍了传统媒体的影响力，也使其不易被认可和接受。因此，抛开主流和非主流之争，传统媒体应追求自身的品质和受众目标的价值定位。受众群体取舍信息最基本的就是看传播的信息有没有价值，有多高的价值。因为高校思想政治教学内容同互联网上各种吸引眼球的娱乐节目、虚幻小说、网络游戏所呈现的内容相比，往往会显得索然无味，导致大学生对其兴趣不大，甚至会有反感情绪；而作为非传统媒体的非主流信息更受大学生青睐。高校思想政治教育工作者要时刻关注这一现象，重视膨胀的非主流信息对大学生的影响。

第五，在市场经济领域中，受媒体信誉度和公信力的影响，高校思想政治教育工作的媒体环境受到考验。当前，商业蓬勃发展，某些传媒总是缺少一些中肯的观点评论、深度的创意和人性化的活动建设，加之社会责任感和人文精神的缺失，不同程度地出现了低俗、媚俗、庸俗和空洞虚无的现象，这种情况不仅损害了自身的美誉度，也使人们对媒体甚至新媒体失去信任。

总之，在新媒体时代，高校思想政治教育的载体在运行过程中主要有三个比较突出的问题：一是新的载体开发利用程度不够；二是载体间的互相协调有问题；三是单个载体如何被有效利用的问题。这时，用跨界的思维和发展的眼光看待尤为重要，我们必须结合实际，建造合力平台，充分发挥思想政治教育载体的作用。

二、高校思想政治教育载体合力在新时代的产生理路

理路，就是思路或者思想。新时代，高校思想政治教育载体的运行情况不容乐观，对思想政治教育的实际效果产生了影响。因此，在具体的运行过程中，我们要集思广益，综合大家的想法，厘清生成理路。既要积极拓展，寻找新的突破口，充分发挥新媒体平台的作用，善于利用，形成载体合力的平台，又要体现整体性原则，实现载体的整合。

(一)理论支持

系统论和合力论的基本理论为系统发展、载体合力生成理路的形成奠定了基础。

"合力论"是恩格斯晚年提出的重要思想。他指出，"历史是这样创造的：最终的结果总是从许多单个的意志的相互冲突中产生出来的，而其中每一个意志，又是由于许多特殊的生活条件，才成为它成为的那样。这样，就有无数互相交错的力量，有无数个力的平行四边形，由此就产生出一个合力，即历史结果，而这个结果又可以看作一个整体的、不自觉地和不自主地起着作用的力量的产物。每个意志都对合力有所贡献，因而是包括在这个合力里面的"。这里，"总的合力"不是由某一个要素的单独力量形成的，而是由各个要素相互影响、相互作用形成的。任何一个个体的力量，只有存在于力的整体之中，而不是游离于整体力量之外，才可以为历史发展的合力所利用。同时，每个个体的力量要素是主观能动的，而非消极被动的，它们对于历史合力有着积极的聚合作用，它们影响着历史合力的大小和性质。因此，历史的发展过程中整体观念非常重要，其等同于协调观念。在整体中，寻找各个力量要素的和谐共处的方法，并实现最佳组合，才能获得社会历史发展的最大合力。高校思想政治教育可以从恩格斯的"合力论"中得到重要启示：在各种载体形态共同作用期间，高校思想政治教育载体以有机系统的形式形成一个整体，任何游离个体力量都必须包含在整体之中，但个体力量在总合力中也有积极主动的，并不全是消极被动的，它们的大小及其活动方向对总合力的发展和运动起着推动作用；系统内各载体形态的相互

作用融合成整体合力，影响着载体的有效运行；整体合力要获得最大效率，必须找到各分力的最佳组合方式。因此，在高校思想政治教育形成载体合力过程中，系统中所有载体形态因素都具有相互影响的整合作用。我们研究分析各个载体形态个体因素之间的作用时，要调节和引导它们作用的方向和大小以及它们之间相互作用的规律、机制，才能够发挥最大的整体效果和协同功能，促进高校思想政治教育载体系统的良好运转，实现最大合力。

系统论认为，所有系统共同的基本特征是整体性、联系性、动态平衡性、层次结构性、时序性等。系统论把所研究和处理的对象视作一个系统，分析系统的结构和功能，以优化系统为目的，研究系统、要素、环境三者之间的变动规律和相互关系。

系统论的作用是利用系统的特点和规律去控制、改变或者创造系统，使这些特点的存在与发展符合人的目的需要。换言之，高校的思想政治教育通过系统论得到理论支撑。在构成高校思想政治教育系统的四个重要因素(主体、客体、介体和环体)中，介体的三个组成部分包括内容、方法和载体，它们在思想政治教育中具有不同的作用，并且相互之间有机结合、互相联系，内容是用来传递信息的；教育主客体之间相互作用的手段通过方法实现；载体承载着思想政治教育内容，并促进其传播与交流。在高校思想政治教育运行过程中，载体能够直接协调统一各要素，促进各要素之间的相互作用，成为思想政治教育各种要素之间相互联系的纽带，进而产生较好的总体合力。需要注意的是，载体只有通过作用在物体上所有的力而产生总的效果，即只有通过"合力"，才能发挥出最大的作用。这是通过系统论的基本观点、结构观点、联系观点、调控性观点、动态观点和整体性观点得出的。

（二）新媒体为"载体合力"提供了可能性

在打造思想政治教育"载体合力"方面，新媒体比传统媒体具有明显优势。

第一，新媒体对教育者和受教育者的吸引力更大，能够让他们更积极地参与。现在，只要拥有电脑或手机终端，教育者和受教育者就可以随时随地上网浏览、发表评论、发微信、刷微博，甚至可以将思想政治教育应用于网络游戏中。新媒体语言的话语优势表现在直观性、简洁性上，由此拉近了教育者和受教育者之间的距离，形成了良好的互动。

第二，新媒体提供了一个先进的平台，促进了高校思想政治教育载体合力的形成。新媒体技术的先进性给人们带来了大量的信息，高校思想政治教育载体的合力在交互性的传播方式和兼容性的传播手段之中发挥作用，有了更广阔的选择空间。新媒体技术为载体合力的形成提供了便利的技术资源和信息资源，同时实现了信息平台的共享。比如，思想政治课堂教学，可将先进的多媒体技术融合于传统的讲授方法之中，实现实时的线上线下交流互动，打破了地区之间、国与国之间的限制。

第三，思想政治教育载体合力通过新媒体强大的信息整合能力来实现。新媒体不仅具有强大的信息整合能力，还具有人际传播与大众传播功能。通过"媒体联动"等方式实现资源共享，可快速将信息汇集、传播和扩散。新媒体是集音频、视频于一体的网络型信息传播方式，随着宽带网络的普及得到了普遍应用，其中体现新媒体优势的是强大的数据库、精准的信息搜索能力和巨大的视觉冲击力。比如，最美司机吴斌、最美教师张丽莉、汶川地震中的感人事迹等"大爱精神"和民族凝聚力，在新媒体技术的辅助下迅速传递，真善美之举得到广泛赞赏，这些都能瞬间加速载体运行的能力，体现新媒体的力量。

（三）"载体合力"的生成理路及特点

基于以上对当前高校思想政治教育载体运行中的问题探讨，我们发现，新媒体时代高校思想政治教育工作的开展，应该以跨界思维为起点，在实践的基础上，坚持形式多样、统筹协调、以生为本、继承与创新的原则；借助新媒体技术平台，以各项活动为主导，充分发挥各种思想政治教育载体的作用；加强信息资源整合，使之凝聚成强大的"载体合力"。同时，高校思想政治教育工作还要寻找新的载体形式，充分发挥新媒体平台的作用，综合评估新媒体对大学生的影响，将新媒体的载体效应充分发挥出来。

新媒体时代，由于科技的进步，新媒体技术得到了广泛的应用，具体而言，高校思想政治教育"载体合力"的生成理路具有以下特点。

第一，体现了高校思想政治教育主体的可控性。通过以新媒体技术做载体，可以为传统思想政治教育搭建一个可以发挥积极作用的平台。通过制作各类课件、网上访谈讨论以及电子邮箱、网络论坛、手机、微博、微信和博客等媒介的使用，思想政治教育载体可以被教育主体熟练掌握和操作，转变教育客体的思想意识和行为习惯，实现高校思想政治教育的目标。

第二，系统地实现了高校思想政治教育载体的作用。在形式上，根据不同的标准把思想政治教育载体划分为不同的类型或部分。在实施教育过程中，这种区分具有不同的特点，对政治教育的作用也不同，但是它们是互相关联、不能分割的。通常，高校思想政治教育载体以课程载体为主阵地，传媒载体为平台，基石物质载体为基础，制度载体为保障，精神（文化）载体为动力，共同构成一个有机整体，相互影响、相互作用、缺一不可。

第三，体现了教育者和受教育者之间的平等性。教育者和受教育者可以在新媒体平台上实现共同参与、双向互动、共享所有资源。新媒体的出现与运用，让教育者和受教育者得到了更多的主动权和话语权，同时让受教育者和教育者实现了平等对话。这个过程中，教育者能够及时总结和反思，进一步加强与受教育者的沟通，激发受教育者的自主性；受教育者在个人的思想意识形成过程中，在双方充分理解、信任和尊重的基础上，积极主动地接收外部信息，做到互相影响、互相帮助、共同进步。与此同时，多种多样的新媒体形式优势，包括边界无限、时间无限、容量无限等，为高校思想政治教育主客体提供了更多的话语权和主动权，使得教育者和受教育者之间的平等性得以实现。

第四，体现了高校思想政治教育载体的共享性。从表面上看，新媒体载体和其他载体是独立的，但实际上，它们密切地连接在一起。在新媒体时代，高校思想政治教育要树立一种载体合力观，以人为中心、以各项教育活动为主导来进行排列和分类，将各种载体的系统性凝聚成强大的"合力"，充分发挥新媒体所具有的信息海量、声情融合、图文结合、传播快速、交流方便等优势。例如，各地高校通过微博、微信公众号、抖音等平台联合举办相关思想文化交流活动，往往能够引起社会的广泛关注，同时得到人民群众的喜欢。当然，在运行模式中各类载体功不可没，这些新媒体给大众提供了一个虚拟却又实实在在存在的平台，很好地实现了资源的共享。

三、新媒体时代高校思想政治教育载体合力的动态形成

在新媒体时代，高校思想政治教育载体合力动态生成的路径，可从以下几个方面入手。

（一）在物质载体和管理载体方面，建立特色网站和导航系统

这里的导航系统包括路径指引和内容检索，通过打造一些特色网站，将学校物质要素（建筑风格、校园风貌）、制度要素（管理与服务）与学生共享。比如，为了向大学生传递大学的文化和精神，在校园网上设置"视频新闻""图片鉴赏"模块，以视觉角度直观地展现静态的院校风貌和建筑风格。在点击查看图片的过程中，学生的人生观、价值观和道德情感能够被其直观性和超语言性潜移默化地影响，促进其形成理性思维和养成修身立德的自觉性。

（二）在课程载体方面，打造教学资源中心和网络教学平台

课程载体具有很强的稳定性和权威性，这是它与其他载体的区别所在；而教育者有很强的主导性，有一套完整的教学评价系统和科学的体系，这些特点使得理论传授的作用在沿袭和运用传统的课程载体的运行方式过程中得到充分发挥。同时，具有新意、效果更佳的理论传授也通过掌握并运用新媒体技术实现。

其一，创新教学方法和手段。要想更好地解决学生深层次的思想问题，必须用科学正确的理论武装学生，用有一定理论深度的完整的课程教育系统来引导大学生。但这种深层次的理论并不是通过活动就可以完全体现出来的，而要通过课堂教学才能展现，用深刻的道理说服学生。思想政治理论课不只是思想政治教育课程载体，还可以将思想政治教育内容有机融入专业课的教学中，如在专业课程教育中适时渗透加强团队精神、科学精神、奋斗精神、人文精神及创新思维的内容。传统的教学方法已经很难调动时下思维活跃、思想独特的大学生，他们的需求多种多样，如何调动他们对教育内容的兴趣，是当前教育的核心问题。所以，高校教育者必须不断改革创新思想政治教育理论课的教学方法，应用引导、开放和主动型教学替代封闭、灌输和被动型的传统教学。针对不同学生的身心发展特点、实际需求及所面临的问题，教育者要开展相应的教学和适宜的活动，激发学生的学习

兴趣。当然，形式多样、内容丰富的活动是必需的，通过借助各种类型的教学活动如分组讨论、美文朗诵会、辩论赛等，在充满兴趣、积极思考的氛围中调动学生的积极性，帮助他们掌握所学知识。

其二，思想政治教育内容涉及面比较广，可以借鉴新媒体的影响力，从思想、政治、文化的层面上来设计相应的学习内容。比如，将课程载体的设计划分为主干内容设计、辅助内容设计和扩展内容设计，以便能够快速有效地设计。传授核心内容主要由主干内容设计来完成，包括"马克思主义基本原理概论""思想道德修养与法律基础""毛泽东思想和中国特色社会主义理论概论""中国近现代史纲要"等课程。这些内容可以在网上用不同的形式进行展现，从而化枯燥、抽象为生动、具体，使高校思想政治教育的主课堂和主阵地更容易被大学生所接受。可见，精心设计和完善学习内容，让思想政治教育潜移默化地进入网络，以此提高课堂教学的活跃度，可以使所教授的内容迅速进入学生大脑之中。

（三）在校园文化建设方面，丰富拓展校园文化功能

学生是校园文化的主体。和谐健康的校园文化，对美化学生的行为、净化学生的心灵起着很大的作用。思想政治教育与新媒体之间相互协调、相互影响，通过数字化、信息化、网络化等多渠道建设，来加强和改进大学生思想政治教育。新媒体背景下，高校文化建设可纳入新媒体文化建设，以此延伸校园文化功能，拓展校园文化内涵。比如，在网上增加专门表彰优秀大学生先进事迹的内容，在发挥榜样作用的同时，提升学生的素养，从而使校园文化氛围更加浓厚。

（四）在教育者团队建设方面，打造师生信息快捷传递的通道

教师和辅导员的道德学识以及他们自身的理论水平、个人魅力对受教育者都会产生深刻的影响。教师和辅导员通过开设个人空间、撰写博客、讨论话题、上传学习辅导材料等实现传统的咨询活动和谈话的延伸；建立微信群，在网上公开自己的联系方式，保持信息快捷传递，实现与学生的心灵交流，这样才有畅通有序的工作通道。"学高为师，身正为范"是教师和辅导员的行为准则，他们应该从外在树立形象，从内在提升素质，通过经营个人空间和撰写博客文章等方式，用自己高尚的道德情操、严谨的治学态度、正确的政治方向和独特的人格魅力影响和带动学生，使学生内心深处激起同样的理性反思和心理体验。

（五）在载体合力的功能拓展延伸方面，高度重视相关媒体平台建设应用

1. 移动媒体的建设

（1）手机媒体建设。手机在新媒体时代展现出独特的传播优势，逐渐发展成为一种综

合性媒体。截至 2023 年 2 月，我国网民规模已达 10.67 亿，互联网普及率达 75%，其中手机网民规模为 10.65 亿，网民中使用手机上网的比例为 99.8%。

手机已经成为人际交往的固定工具，它让用户的社交网络变得触手可及。大学生作为手机的忠实用户群体，可以随时随地与好友保持联系，他们经常微信 QQ 不离线，不停地刷朋友圈、刷空间、刷微博。因此，高校思想政治教育工作者应当主动搭建高校手机微信平台，制作高校手机报，将各类信息以群发等形式传递给学生。

现在，很多高校在新生报到时，为每名入学新生配发"校讯通"手机卡，将每个学生的信息纳入信息服务系统，实现手机与校园网绑定。这不仅增进了学生与学校的沟通，同时为主流价值观念的传播搭建了平台。如今手机已经全面普及，大学生也早已养成了手机不离身的习惯。高校可以利用手机的多媒体功能，制作思想政治理论多媒体课件，上传到学生手机上，同时充分利用现代移动通信的技术成果，有针对性地开发手机应用软件系统，专门开展思想政治理论教育，增强理论教学的吸引力和影响力，提高大学生思想政治教育的时效性。

（2）SNS 建设。SNS 有多种常用解释，SNS 的全称为社会性网络服务，特指互联网应用帮助人们建立社会性网络的服务，也指社会上现存已成熟并普及的信息载体，如短信服务、"社交网站"或"社交网"、社会性网络软件等。

本文所指的是常用的第二种解释，专指建立社会性网络以服务于人们的互联网，比如"开心网""朋友网""人人网"等，都是社交网络服务网站。构建用户之间的人际网络是这些平台的核心理念。平台用户的网络账号大多是实名注册，强调用户的真实性，要求较高的信息真实度，其聚集了传统互联网应用，包括电子邮件、博客、即时通信等，同时还有互动类应用，又如微博、社交游戏等，这些都成了互联网新的发展方向，成为人们学习、生活和工作的重要载体。

在高校思想政治教育工作中，教育工作者应该注册自己的实名账号，积极主动地参与大学生聚集的网站的活动，将网站作为个人学习授课、表达思想、收集资料的平台，共享教育资源，交流心得体会，形成教师和学生互动的教育系统，以丰富的思想内容积极引导大学生思想转变。

（3）即时通信建设。以软件为介质的即时通信，借助文字、图片、声音、视频等多种格式沟通信息，依靠移动通信平台和互联网平台，采用低成本、高效率的综合性通信工具，实现同平台、跨平台信息交流和共享。比如，PC 即时通信和手机即时通信是根据装载的对象的不同进行划分的：短信是手机即时通信的代表；网易泡泡、网易、盛大、移动飞信、米聊、YY 语音、百度、新浪、阿里旺旺、微信等多种应用是网站和视频即时通信的内容。

近年来，即时通信在加强网络之间信息沟通的同时，也将网站信息与聊天用户直接联系起来。它能被广泛应用并得到人们喜爱是因为其接近真实的交流情景以及具有强大的信息实时交互和群体沟通功能。网站的关注度的增加可以通过网站向用户群及时群发信息，来迅速吸引聊天用户，进而提高网站的访问率。中国互联网信息中心发布数据，截至2022年12月，我国即时通信用户规模达10.38亿，较2021年12月增长3141万，占网民整体的97.2%。总的来看，要发挥这些新媒体的功能作用，应把握好两点。

第一，要拉近与学生的距离，实现个性化的沟通。高校思想政治教育工作者利用即时通信，通过多种交流方式，比如一对一、一对多、多对多、多对一等，给大学生提供表达观点和倾诉情感的时间和空间，拉近与大学生的心灵距离。思想政治教育工作者可以通过即时通信与部分存在心理问题的大学生进行交流和沟通，了解他们的现实生活和心理特征，拉近与他们的距离，发现问题的根源所在，再通过轻松、友好的交流来纠正他们的认知偏差，引导他们走出误区。

第二，要建立群组，实现群体交流与管理。高校思想政治教育工作者还应该和大学生共建群组，比如QQ群、微信群等。通过群组，可以实现多人交流，也可以进行好友的分类管理，如建立学校群、班级群、学生会干部群、学习小组群等。除了在群内聊天、实现信息及时传递之外，还可以让大家在群空间中共享文件等，实现多种互动与交流。新媒体虽然方便了大学生线上交流，却减少了学生之间的面对面交流，淡化了大学生的班级概念，造成集体荣誉感和社会责任心相对缺乏。在新媒体上利用群组功能，建立一个交互性的信息活动平台，可以把班集体搬到手机和网络上去。同时，学生在群组里进行交流，可以感受到学校、班集体的力量，体会到同学之间的友爱和老师给予的关怀，而且不受时间、空间的限制。这种方式不仅简单快捷，还可以轻松获得良好的教育效果。

2. 校园网建设

新媒体环境下，最直接有效、方便快捷的方式是抢占校园网建设这个新阵地。把校园网打造成为传播先进文化、弘扬主旋律的重要平台，充分发挥校园网网络阵地的作用，使其成为加强高校思想政治教育的重要手段。校园网作为服务平台，为大学生查阅资料、交流经验、共享信息、在线学习、倾诉情感提供了便利，但从功能性质定位分析，校园网作为大学生思想政治教育学习的通道，是校园网具备的另一功能和责任。所以，在进行校园网建设时，需要把握以下几点。

（1）开辟大学生思想政治教育的特色专栏，建设校园网站的子网。思想政治教育只有通过专题性质的网站才能够更好地实现。这是因为专题网站可以专门针对大学生的思想政治教育，引入党的基本理论路线和方针政策等，引导大学生树立正确的社会主义理想信念，帮助他们健康成长。

（2）关注学生需求，发挥校园网服务功能。在新媒体时代，高校的主流渠道是校园网。校园网不仅可以发通知、查成绩，还可以对大学生及时进行思想政治教育，这是一个融思想性、关怀性、知识性和趣味性为一体的平台。大学生可以通过这个平台，获取学习生活所必需的信息，同时充实自己的精神文化生活。

（3）吸引学生主动点击，及时更新和补充信息资源。在新媒体时代，信息技术飞速发展，校园网需要积极建设和及时补充各类信息。不单单是教学素材、网络课程库，还要针对学生的心理咨询、学习生活、就业指导等，开设各类针对性较强的网络交流平台。同时，高校思想政治教育还要以学生为本，贴近学生的生活，通过网络媒体开展一些能够丰富校园活动的内容，如学术交流、科技交流、艺术探讨、娱乐活动等，方便学生在网上交流；利用校园网拉近师生之间的距离，为师生之间交流互动搭建一个便利的平台。

（4）关注校园网络舆情，正面引导网络舆论。新媒体如此受欢迎是因为它传播的是思想，已经慢慢实现了让受众从被动接收信息向主动接收和参与的转变，并且会评论自己感兴趣的话题，表达自己真实的想法。所以，高校思想政治教育工作者必须密切关注网上动态，了解大学生思想状况，积极引导校园网的舆论方向，做到理性分析判断，努力消除负面信息，避免对大学生的思想产生消极影响。

（5）发挥学生主体作用，积极投身校园网建设。学生应该积极地参与到校园网的建设当中，因为校园网服务的对象是学生，所以，学校和教师要积极调动学生参与校园网建设的激情与热情，这样既能使校园网建设在学生智慧的推动下向全方位、高层次的方向发展，同时可以通过网络资源实现对学生更好的思想政治教育。

（6）充分运用法律、行政、技术等各种手段，对校园网进行严格管理。新媒体的管理是复杂多变的，因为新媒体具有极高的开放性和极强的交互性。为防止各种不良信息在校园网上传播，需要科学管理校园网络。高校思想政治教育工作者需要认真学习国家关于互联网管理的各项法律法规、规章制度，运用技术、行政和法律手段，对校园网进行定期整治，最大限度地保证校园网信息的安全健康。

3. 搭建微德育平台

从哲学角度来说，"微"即"温暖"或"生命本微"。微德育的内涵是很丰富的。微德育，是新媒体时代高校思想政治教育载体功能延伸的新体现。在新媒体时代，大学生更多关注的是具有个性化和草根化的海量信息交互平台，而对德育学科的系统性和严谨性以及高深的德育理论并不是很关注。因此，搭建微德育平台，有助于充分体现新媒体的功能和价值延伸，发挥高校思想政治教育载体合力的正能量。当前，微德育平台的搭建需要做好以下几点。

（1）搭建"微组织"，创造"微平台"。新媒体时代微德育需要通过搭建"微组织"，对传统组织形式进行变革来实现。因此，建立与微德育相对应的微型化组织，是保障学校微德育有效进行的重要内容。如将学校的大型活动转化为每个微型组织自主开展的常态性活动；在学校班级这个基层单位中，将学校的常规制度应用到各种小型社团，为每个微型组织建立组织章程，在组织运行过程中建立党团小组，让学生组织可以及时分享快乐体验与经验，发挥微德育中的"长尾"力量，创造"微平台"等。另外，微德育的应用还可以通过交互式的表达方式、个性化的传播方式、标准化的创作方式、社会化的联合方式、便携式的体验方式和高密度的媒体方式得到支持。比如，微德育工作者在专题式维客、教育博客上实现信息共享，引导学生进行对话、问答、交流，或者参与评论和话题讨论，还可以通过技术、标签和简单聚合技术的应用，让大家各尽其能、各取所需、互助协作，就某个话题或某项专题开展讨论与交流。

（2）观察"微现象"，发现"微问题"。意识的提升往往是通过发现问题来实现的，思想政治教育工作者的能力也大多是在发现问题的过程中得以体现的。微德育工作者要善于从"小现象"中捕捉受教育者在学习、生活和思想中的问题，观察学生学习和生活等各方面的"微现象"，并分析其原因，迅速找到解决问题的办法，最终借此提高受教育者的道德水平。比如，食堂打饭或等电梯时不排队、不谦让等现象；情感上的恋爱挫折问题；毁坏公共物品的问题；课堂上的不动脑、不动笔、不动手等问题；宿舍休息时间大声喧哗等问题；生活中的未经允许私拿别人财物等不良行为习惯；心中郁闷无处排解问题；自闭、自残、自杀的倾向；以自我为中心，对集体漠不关心问题；双重人格问题等。这些"小问题""微现象"要求思想政治工作者及时收集整理相关资料，根据受教育者的实际情况，对产生的问题进行分析和判断，并针对不同原因和问题制定出实施微德育的具体举措。

（3）激发"微活力"，打造"微活动"。各种各样的来自基层的校园文化活动和传统的课堂主渠道，对于思想政治教育而言，都是重要的教育载体。但是，现在各种传统活动往往只有少数积极分子，如校系学生会或班级干部及社团人员作为主力参加，这在高等院校已经成为一种普遍存在的现象，大部分学生都是持观望态度甚至漠不关心。新媒体时代的特点和它所具有的选择多样性正在悄悄改变着大学生的文化需求，决定活动成败的关键是大多数学生是否得到了锻炼并在锻炼中形成了高尚的品德。为举办好各项"微活动"，我们需要在三个方面进行改进。

一是在组织活动上，充分发挥学生的主体作用，确立一切以学生需求为目标的工作理念，对学生进行能力探索，并开展各种不同层次的适合各类学生发展的微活动，充实和加强学生方面的力量。

二是在活动方法上，扩大参与面，让尽可能多的学生参加到活动中，多组织一些低门槛、大容纳性的活动，有选择性地降低活动的难度。

三是在活动的内容设计上，重视了解学生多层次、多方面的需求，要具有一定的包容性，以正确地引导和整合，增强学生的归属感和主人翁意识，真正体现德育无微不至的关怀。

总之，创造"微平台"是一个新尝试，一个新挑战。需要特别注意的是，在教育定位上，要将"微平台"的创造与大学生自身的特点相符合；在教育设置方面，要满足高校学生不同的选择，努力构建微型化的专题教育体系，同时引导学生进行自觉的道德约束，体验不同需求下的微德育。

当然，在新媒体环境下形成"载体合力"，提高高校思想政治教育的实际效果，还存在着技术开发、机制形成、制度保障等更深层次的问题，这些都值得高校思想政治教育研究者去关注。

第六章 高校大学生思想政治教育师资队伍建设

本章主要讲述高校大学生思想政治教育师资队伍建设，主要介绍了五个方面的内容，分别是大学生思想政治课程教师现状、高校辅导员与大学生思想政治教育工作、高校辅导员的核心素质及核心能力、高校辅导员队伍制度及发展理念、高校辅导员队伍建设路径。

第一节 大学生思想政治课程教师现状

一、思想政治课程教师现状

受传统应试教育的残留观念影响，部分高校教师仍旧在不同程度上存在着重理论知识传授，轻能力培养的教育观念，导致其在教学过程中不能够根据教学内容的实际需要，灵活运用和转换教学方法、教学手段，忽视对学生创造性思维能力的培育。这在很大程度上造成了高校大学生学习兴趣低下、主动探究能力不强、创造意识缺乏，创新能力不高的现象。在一次针对师范生的调查中，关于自身最欠缺的教师职业技能方面，有接近半数的师范生认为自己缺乏探究意识，创新能力和科研能力不高。其具体表现在以下三方面。

首先，部分师范生虽具有一定的创新意识，但是缺乏主动探究知识、勇于克服学习障碍和学习困难的坚强意志和毅力。师范生虽然普遍认为创新意识对于自身教育教学能力的提高发挥着至关重要的作用，也希望自己能够具备这种创造性意识和思维能力，但是在实际学习过程中缺乏主动探究、勤于思考的主观能动性，缺乏独立自主的批判能力、自主获取新知识的能力，以及探究性学习的能力；其次，高师教育教学理念严重滞后、教师教学方式方法陈旧、单一，并且在运用过程中缺乏灵活性，学生自主学习、独立探究和相互讨论的机会特别少，难以调动学生的积极性和主观能动性，更难以激发和挖掘学生潜在的创造意识和探究能力，容易造成学生思考问题过程中的思维定式，也不利于学生发散性、创新性思维能力的培养。在这种枯燥无味的课堂教学氛围中，学生缺乏学习兴趣，从而在很大程度上造成教师的课堂教学质量不高，教学实效性大打折扣；最后，教育科研活动和教学实践项目是培育师范生创造意识和提高创新能力的重要途径。然而，高师教育在科研实践活动和创新性课题项目环节严重欠缺，不仅数量不足，而且形式单一，未能真正发挥其培养师范生探究意识和创新能力的有效作用。这也就造成思想政治专业师范生参与实践性的科研活动和课题项目的机会少之又少，学生很少有机会能够参与到科研活动和教学课题的研究和探讨中去，即使参与其中，也很少能够使自身的创新意识和创造性思维能力得以有效地激发和培养。

二、影响高校思想政治教育师资队伍专业化建设的因素

互联网信息技术的快速发展给整个人类社会的发展与进步带来了巨大的影响。空间之间的距离因为网络信息技术的便捷而变得越来越小，国与国之间的联络因为网络信息技术的应用也变得容易起来。近几十年，随着中国经济的快速发展，网络信息技术在人们的工作、生活、学习中变得越来越普遍。特别是在高校中，大学生正处在学习与接受新鲜事物的黄金时期，他们思想活跃，乐于接受互联网这种新鲜的事物。在我国没有网络信息技术和网络信息技术还不普遍的时期，教育的实效性很强；但随着网络信息技术的普遍应用，在很大程度上削弱了高校党团教育的效果。网络信息技术既有利于世界经济的发展，但同时，如果应用得不恰当也会给人类社会带来很多问题。

出生在网络信息技术时代的"90后""00后"高校大学生，他们追求个性、追求自主化的生活和学习方式。在这一时期成长起来的"90后"和"00后"高校大学生，他们更注重个人的情感体验与价值体验，对政治普遍不太关注，有着强烈的个人意识，从小到大习惯从网络中获得知识和信息。因此，他们从小已经养成网络思维方式，在生活和学习中都与网络分不开，尤其是"00后"高校大学生，他们具有较强的网络社交、网络学习和网络消费的能力。网络词语在其生活中很普遍，网络购物也为他们的生活带来了很多方便，使其生活更快捷和便利。

信息网络技术产生之前高校大学生在高校中接收的信息主要源自高校教师，在教师的思想和行为影响下形成自己的世界观和价值观。而现在，信息技术作为"静悄悄的革命"正以极快的速度发展，真正地实现了中国人所说的"秀才不出门，便知天下事"。其全方位地改变了学生生活和学习的主要手段，提供了新的认识世界的方式。随着高校大学生对网络的依赖加深，以往高校教师的教育方式显然已经不适应当代学生的新特点和新的需要，高校大学生对教师的心理需求也转向了网络。当人们从依赖媒介而获得了相应的满足，便越指望再次获得有用的信息，对媒介的依赖性就越强烈。高校大学生对网络的依赖使其思维方式发生了一定的变化。以往高校党团的教育是有效培养学生发散思维的方式，但网络信

息技术呈现出来的信息更直观和具体，容易使学生不再去思考，从而不利于学生多维思维方式的形成。通过网络信息技术可以快速地查找所需要的信息，这就需要高校党团方面的教师及时更新观念，利用网络信息技术对学生进行合理的教育和引导。高校教师必须转变思维方式：首先，由传统的教学模式向网络信息技术下的教学模式转变。高校党团教师要根据学生特点不断研究和探索，重视校园网络安全的建设，加强对学生进行网络安全教育；其次，教师也需要掌握一定的网络信息技术。当前高校党团工作者有再深的理论功底，一旦网络信息技术不过关，也很难走进学生心里，对其进行指导和教育，高校党团工作者要利用互联网技术在网络中通过各种形式与学生聊天、谈心，使青年形成正确的世界观和价值观；最后，高校要不断重视对教师网络信息技术的培养，给教师创造时间和条件去学习，在新形势下不断更新教师的理念，在新的背景下，利用网络信息技术更好地发挥高校党团教育的效果和作用。

三、加强高校思想政治教育师资队伍专业化建设的路径

（一）加强教师职业规划教育

简单来说，教师职业规划教育就是指高师教育要通过各种有效的教育途径，来引导和帮助师范生对自己的教师职业发展有一种非常明晰的认识和规划，进而树立坚定的教师职业观和正确的教育价值观。当前，大部分思想政治专业师范生没有自己的职业规划，无法准确定位自己的职业发展方向，究其原因在于高师院校教师职业规划教育缺乏系统性和规范性，教育内容和形式单一且具有滞后性，未能从学生在校期间统筹进行学生的教师职业规划教育。对此，高师院校必须高度重视对师范生的教师职业规划教育，从新生入学伊始就要统筹规划、全面监督。一方面，要高度重视课堂教学在教师职业规划教育中的重要地位。在高校课程设置中要加入与教师职业规划与指导方面相关的课程内容，教师要注意向学生讲述教师职业的光荣感和使命感，以及教师职业肩负的育人传道的重大社会责任，逐步引导师范生对教师职业树立一个正确的、全新的教师职业观；另一方面，全面肯定实践教学活动对师范生从事教师职业的引领功能，充分发挥微格教学、教育实习、顶岗支教等一系列学校实践教学活动在塑造师范生教师职业理想过程中的重要作用。同时，在实践教学活动中要强化师范生对思想政治课程改革新要求的深刻认识，全面反省自己教师职业素质中存在的不足，培养专业精神，实现思想政治专业师范生教师职业素养的全面提升。

（二）创新教学思维主要手段

目前，党和国家在这一方面的工作主要集中在三个方面：①高校思想政治教师必须立足马克思主义理论的指导价值，在历史研究方面坚持辩证主义和历史唯物观，由此更加深刻地认识到历史的发展趋势，实现历史和实际相结合的策略。此外，相关媒体还需要占领

好舆论高地，切切实实地讲好中国故事；②在课堂教学过程中引入创新思维，通过新技术和理念的应用，"用好课堂教学"；③教师应该强化自我价值，满足新时代的发展要求，突出思想政治课堂教学的核心价值导向。通过教学创新，改善高校大学生的课堂体验，提升学生的政治水平，帮助高校大学生了解国际形势。

（三）强化教师职业规划教育，努力适应新课改要求

在引导学生树立坚定的教师职业意识，强化对学生教师职业规划教育的基础上，高师院校还要促使每一位师范生端正自己的学习态度和认知态度，增强学习的主动性和自觉性，针对新课改教学新要求，努力完善自身的知识结构，提高教育教学素质。目前来看，当前部分思想政治专业学生教师职业发展规划不明确，对中学政治课程新课改的价值理念和对教师的新要求缺乏学习的主动性和从教能力锻炼的自觉性。首先，在思想观念上，要引导学生全面、正确地认识基础教育课程改革对教师岗位的新要求，有针对性地根据课改要求查漏补缺，对于自己欠缺的方面要积极主动地去弥补和改正，对于表现较好的方面要继续保持并能够精益求精，努力提升符合时代需要的全面的教师职业素养；其次，要端正专业学习态度，刻苦钻研专业知识，形成综合性、多元化的知识结构，这是师范生从事教师职业的必备法宝；最后，作为将来的思想政治教育教师要掌握良好的交往与沟通技巧，要注意情感的投入和思想的交流。

（四）加强人格教育

教师的人格修养如何，关系到学校的教育教学质量和未来国民素质的高低。加强高师思想政治专业学生人格教育，不仅是素质教育和时代需要的呼唤，同时也是高校深化教学改革内容的方向和目标之一。长期以来，高师教育偏向强调专业知识的传授而忽视人文精神教育的渗透，使高师人格教育质量不高并且流于形式，造成人格教育的缺失。因此，高师思想政治专业的教师培养工作应做到以下两点。

首先，培养师范生坚定的政治品格。政治品格在政治课教师人格修养中处于首要的位置，它是指导师范生树立其他一切人格品质的关键性因素。因此，高师教育要通过政治性的理论宣讲和实践性的社会政治活动，充分激发学生参与社会政治生活的积极主动性，使师范生不仅要从内心深处有提高自身人格修养的强烈意愿和自觉意识，还要真正从行动上加强坚定的政治信念和完善的政治品格的锻炼与提升。其次，培养师范生正确的育人价值观和良好的道德品质，这是师范生从事教师职业所必须具备的育人的根本素质，它在师范生人格素质中发挥着决定性的作用。思想政治专业与其他应用性、操作性课程的最大的不同之处在于，教育者不能仅注重对学生显性的理论教育和硬性的书面知识传授，而应该将大部分时间和精力都用在研究学生的思想，关注学生的心理健康状态上，要教会学生树立正确的价值观念和保持健康的生活态度。这就要求师范生要严格要求自己的一言一行，从

生活中的一点一滴做起，严格规范自己的行为，做到传授知识与为人师表两不忘。

（五）加强职业道德素养

对思想政治教师而言，加强自身职业道德建设具有重要意义，社会发展和经济建设都离不开专业技术人才，而只有德才兼备的教师才有助于正能量的产生，进而潜移默化地对学生进行影响，不断地向社会输出德才兼备的人才，这对于提升我国思想道德建设具有重要意义。高校思想政治课教师必须认识到职业道德素养在教学过程中的重要性，通过提升自身人格魅力，在思想政治课堂上取得更好的教学效果。年轻教师应该积极自我学习，发挥中流砥柱的作用；年长教师则需要发挥自身的经验优势，在思想政治课开展过程中继续发挥余热。高校思想政治课应该始终坚持以学生导向的原则，不断地向学生传达关心、关爱、关怀，最大限度地发挥教育优势，在学生成长和发展的过程中发挥引导者的作用。思想政治教师必须充分贡献自己的力量，在教学研究过程中投入更多的知识和心血，引导学生以更积极的心态来应对问题。

第二节　高校辅导员与大学生思想政治教育工作

一、高校辅导员角色相关概念界定

（一）角色相关概念的界定

1. 角色

在戏剧的舞台上，根据戏剧规则进行行为表演的特定人选被称为"角色"。美国著名社会学家乔治·赫伯特·米德（George Herbert Mead）将这一词引用到了社会学中，并结合社会学理论给予了合理的社会学角度解释：当社会人在扮演某一特定的社会角色时，产生了符合这一角色的行为举止，并使这些行为举止作为其专属的社会行为规范和行为模式；即使日后角色扮演的主角人物消失了，这一角色是仍然存在的，因为其行为举止已经对社会产生了一定的影响，且不可被替代。在米德做出合理解释后，"角色"这一词被引入在各个社会领域里。我国学者郑杭生认为，社会里地位是社会角色的象征，且能够凸显与其身份相匹配的权利和义务的规范和行为模式。学者李铮认为，社会里每一个角色都拥有来自同一领域内与之产生互动的人群的角色期待，在这一领域内，角色会拥有与之行为所匹配的社会身份和社会地位，并应具有相对应的权力去履行其社会职责。由此可见，对于"角色"

一词在不同的环境领域有不同的解释和定义。从以上学者对"角色"一词的解释来看，"角色"是由指定的环境所产生的一种必然的、特殊的社会个体或群体，拥有能够彰显其独特之处的地位。这一个体或群体角色在进行角色扮演的过程中，会产生一系列的行为表现且对社会发展带来一定的影响，并且社会对这一个体有专属的角色期待。

2. 角色定位

角色定位是指在特定的环境下，相对于其他互动角色，拥有专属于自己且无法被替代的定位，这种定位往往与角色特征、角色行为和角色期望有着密不可分的关系。角色定位会受到社会环境和时间环境等因素的影响而发生变化。

3. 角色行为

角色行为是在角色进行角色扮演时所产生的特定的行为。这种行为可能会有利于塑造人物良好的角色形象，也有可能会改变其所处环境，当然也会存在破坏其角色形象的可能。角色会在进行角色扮演的过程中因环境的变换而产生其相对应的角色行为，主要是受到主观意识的影响。熊德明认为，只有在人们认同并确定承担特定的社会角色时，他们才能进行与这一角色相关的特定的角色行为，但如果角色遇到突发状况时，角色也会做出相应的变化反应。所以，只有通过对指定角色在进行角色扮演时所产生的一系列相对应的具体行为过程，才能被人们称之为角色行为，且这些角色行为才会有与之相对应的具体意义。综上，角色行为主要指的是社会中的各类角色在指定的环境氛围内，在进行角色扮演时所产生的特殊的行为过程。

4. 角色期望

林崇德认为，角色期望是某个个体角色或某类群体角色对某一指定角色的扮演及行为所产生的期望，它主要起到了连接社会结构与社会角色的作用。角色期望主要是通过角色及其角色行为给人们带来的主观认知所产生的主观意识期望，人们也会通过角色期望判断其角色行为是否符合这一角色的身份和地位。黄甫全认为，人们会根据社会角色所拥有的社会地位、权利、责任和义务来决定对这一社会角色的角色期待。角色期待往往会在对角色行为进行规范时产生，并提出符合其角色行为的相对应的要求。在日常生活中，人们会根据角色期待来掌控自己的行为，依据角色期望对他人的行为进行预测和评价。辅导员作为一种社会角色也要面临社会的期望，这是辅导员进行角色扮演的必经之路。

（二）高校辅导员及其角色的内涵

1. 高校辅导员

辅导，字面上的意思是帮助和指导；那么辅导员，是指对学生进行辅助性帮助和正确指导的校内工作人员。大学辅导员的早期称谓是"政治辅导员"。辅导员这一概念，看似非常简单，并且大家都认为自己对辅导员有所了解，但其实对辅导员的深入认知却十分模糊。这主要是因为其日常行为和工作职责的繁杂，让人难以对辅导员有清晰明确的认识，并给予其专属的定义。辅导员在高校中主要从事和学生相关的日常工作，包括生活、学习、心理辅导、评优评奖、就业创业指导等，有的辅导员还会承担部分教学工作。在高校中辅导员的工作性质还存在着专职和兼职之分。专职辅导员是指专门从事学生管理事务及思想政治引导工作的辅导员；而兼职辅导员多数是因为学院内人手不够，是为了辅助专职辅导员工作的研究生或课时较少的在职教师。本文所研究的辅导员是指普通高等学校中全日制本科的专职辅导员。

辅导员不仅是高等学校教师队伍的重要组成部分，更是高校管理不可或缺的一部分，是高校开展思想政治教育的有力保证，是全面贯彻学生日常思想政治教育的指导者、完善管理工作的实施者。因此辅导员不仅要充分履行教师与干部的双重身份，更要与广大的学生建立良好的关系。

高校辅导员走在学生工作的第一线，其主要任务有三点：一是要当好高校大学生职业生涯的设计师，引导学生树立科学的目标，夯实高校大学生日后发展的基础；二是辅导员还是高校大学生的老师，因此日常工作中还要充分利用自己的行为、知识、经验更好地引导学生，有效把握学生的心理动态，及时帮助他们有效地解决思想、心理等各方面的困惑，做他们成才路上的引路人；三是辅导员能够成为高校大学生的知心朋友，成为他们健康成长最合格的指引者。高校或院系依照国家相关制度和政策，对高校辅导员进行选聘、培养、考核、奖励、任用等行为。

2. 高校辅导员角色

社会角色的产生主要是为了满足社会的需要，而产生的角色也会随着社会的变化不断地丰富自己的角色形象。结合对角色和高校辅导员的概念界定，高校辅导员角色是指在高校从事辅导员工作时所呈现出的满足角色期待的行为模式。社会其他角色对高校辅导员角色有着专属的角色期待，且高校辅导员角色拥有着代表这一个体的身份与地位，行使其相应的权利和义务。

3. 高校辅导员角色的内涵

中华人民共和国教育部于2017年9月颁布了第43号文件《普通高等学校辅导员队伍建设规定》，在此文件中清楚地指出，辅导员是高校的骨干，他们的主要角色行为是组织、实施、指导高校大学生的日常学习和生活，努力与学生成为知心朋友，同时也成为其人生导师。由此可见，高校辅导员这一角色在高校乃至高等教育领域中都扮演着无法替代的重要角色。相比其他在校教职工人员，高校辅导员的工作职能有很多，最为核心的就是促进学生全面发展。辅导员在高校众多角色中拥有独特的身份和地位，还包含来自社会各类角色对辅导员的角色期待。举个例子，社会群众、学校高层和在校学生对辅导员的角色期待和角色行为期待，以及高校辅导员对自己的角色期待和所应有的角色行为的认知等。从高校辅导员角色的发展历程来看，辅导员在高校中所扮演的主要角色就是高校的思想政治教育指导者。但随着社会需求的改变以及高等教育的迅猛发展，辅导员的工作范围在不断地外延、扩大，辅导员角色的内涵也变得更加丰富。从最初只具有鲜明的政治性演化到现在同时具有政治性、教育性和服务性。为了能充分发挥核心职能，高校辅导员应从最基本的思想政治引导者角色，转换为能够适应当下高校大学生发展和教育、管理、服务相结合的多元化角色载体。

4. 辅导员的特征

辅导员在高校工作中是学校、院系等各部门工作的具体实施者，是学生与各院系、处室部门间的桥梁纽带。学生在校期间接触最多的便是辅导员老师，辅导员与学生最亲近，学生干部的行为养成容易受到辅导员工作风格的熏陶。辅导员的进入门槛相对于专业课教师比较高，鉴于思想政治教育工作的特殊性，辅导员队伍管理具有政治性强、时效性要求高、工作纪律性严等特点。

二、新时期高校辅导员的角色定位

（一）辅导员角色定位的概念

高校辅导员角色指的就是各大高校中的一线专职辅导员（其日常工作主要包括：事务管理、思想政治教育、各类专业辅导等），在工作中表现出来的契合社会大众所期待的行为模式。换言之，一方面是高校辅导员在社会群体中的作用，另一方面又包含学校管理者、学生及社会公众对其角色的期待。除此之外，还包括自身"应然"认知行为角色，简而言之也就是在上述的期待、认知下形成一套更规范、更完善的包含权利与义务的行为模式。高校辅导员在多重的角色环境中，到底哪一个角色才是他最重要和核心的角色，答案有很多。有人说："辅导员工作是个大箩筐，什么东西都能往里面装"。所以，在实际学生工作中，辅导员的角色更多时候像"学生保姆"，从事着繁杂的事务性工作，却削弱了对学生成长、成才的有效性指导。同时因为事务性工作太多，缺乏系统学习提升，不能深入学生中间，导致对工作的思考、积累较少，造成目前在辅导员队伍职业化发展过程中无法准确地定位辅导员角色的问题。

（二）辅导员角色定位的特征

高校辅导员的角色定位有如下的特征：辅导员的范围和角色边界相对宽泛，尚未形成准确的辅导员边际。举个例子，没有切实贯彻提升在职学历；节假日、工作时间及其他福利性的保障；辅导员考核评价体系难以量化，难以确保公允。高校辅导员工作多以事务性为主，与高校的专业课教师的硬性量化指标考核不同，很难在考核评价时充分调动其工作的积极性。

（三）高校辅导员管理中对角色定位的要求

高校辅导员是高校大学生思想政治教育工作和日常事务管理工作的指导者和具体实施者，也是学生基层工作的重要管理者和协调者，同时也是高校贯彻教育方针，坚定学校办学方向的重要力量。辅导员队伍管理中，首要确定的就是辅导员职位的性质和职责的内容，即确立辅导员在学校中明确的地位、明晰的角色定位。这是选拔培养辅导员的基础，也是对辅导员进行考核、任用的依据。

1. 学生成长方向的引领者

在高校学生思想政治教育工作中，高校辅导员毋庸置疑具有重要的作用。不仅要为大学生树立起正确的政治方向，更为重要的要夯实高校大学生的思想政治教育工作基础，努力培养高校大学生的道德水平，这些都是高校辅导员角色的基本职责。坚持实事求是为原则，坚持以实际为基本出发点，尊重学生合理的思想追求，选择欲望、诉求，讲究方法策略，有针对性、有意义地展开思想教育工作。不仅要组织好高校大学生思想政治教育工作，更要确保其有效实施，要充分发挥示范作用，扮演好高等院校思想政治教育规律的研究者等具体角色。

2. 学生成才路上的服务者

高校辅导员处于高校大学生成才积累的关键时期，亦师亦友，是学生的老师，更是亲密无间的朋友。正是因为高校辅导员具有这样特殊的身份特点，决定着其一言一行都会对广大高校学生产生较大的影响。在高校学生青春成长中最重要的阶段，辅导员在工作中要注意运用管理艺术，充当好管理者和服务者的角色，培养学生成为有理想、有道德、有文化、有纪律的新时代青年。

3. 学生事务工作的管理者

学生日常事务的管理工作是高校辅导员角色最基础的职责之一。事务性工作关乎学生方方面面的利益，学生工作无小事，具体又繁杂，工作开展是否得力，效果是否显著，同学们是否认可结果和过程，对是否能够切实贯彻思想教育工作具有重要的影响。这就要求高校辅导员不仅要做好角色的定位，更要善于总结、不断思考，寻求改进措施，为科学引导学生打下坚实的基础，积极寻找一条更具模块化、规范化、科学化的发展策略。总之，确保指导方法的正确性才能推进指导工作的顺利开展，兼顾好显性教育与隐性教育的手段，才能为同学们带来优质高效的服务。

（四）新时期高校辅导员的角色定位分析

对高校辅导员而言，要为自身角色合理定位就要正确认知自己在高校教育体系中所处的位置和应该发挥的作用。高校辅导员既是高校大学生思想政治教育的引导者，又是高校大学生身心健康发展的疏导者。

高校辅导员身为学校思想政治教育的主力军与学生管理队伍的领头人，他们既要具备教师管理学生的威严，又要具备和学生打成一片的随和；既要做好思想政治文化教育，又要关注学生的生活安全；既是管理者，又是执行者。辅导员的角色设定就是一个相对矛盾的、不清晰的存在。除此之外，辅导员以外的其他群体对辅导员身份的认知，与辅导员自身的认知也不尽相同。对学校而言，辅导员是教师队伍的一部分；对学生而言，辅导员是学生各项事务的具体操作者。辅导员自身对自己的认识也不清晰，而且，大多数高校的辅导员都是兼职，是毕业生留校任职的一个考察时期的工作，专职辅导员所占比例不高，他们也都很少具有专业资格。

综上所述，当前辅导员的角色定位是相对矛盾的、模糊的。我国高校辅导员队伍中不仅要全面培养辅导员的专业素养，更为重要的就是要不断推进专业化、职业化的发展模式，队伍管理和建设力度需要进一步提高，其角色需要更加清晰、准确地定位。

1. 学生对高校辅导员的角色期望

步入大学阶段，学生心理和生理发展正走向成熟，在这一时期他们开始从心理上摆脱对家长的过多依赖，自主意识逐渐增强，心理变化比较激烈，情绪容易不稳定和产生矛盾。

(1)感情问题。大学期间，从高中管理严格的环境变为大学相对宽松舒适的生活氛围，学生谈恋爱较为普遍。如果高校大学生因为感情问题影响学业；因情感问题而荒废学业；与恋爱对象相处中总会有磕磕绊绊，不愿意向父母透露心声时，他们就可以通过课余与辅导员老师的交流，倾诉自己遇到的感情困惑。辅导员老师的实时参与，可以有效地解决高校大学生的情感难题，更好地帮助学生走出困境。

(2)就业问题。这是高校大学生最为关注的话题，除了选择升学继续深造的学生，就业是一个不可避免的话题。大学是一个小社会，但终究不是社会的完成时，求职择业过程中的心态调整、工作中的人际交往都需要辅导员指导。学生都会希望自己的人生少一点弯路，顺利地从学生转换为职场人。

(3)学业问题。这也是学生的头等大事。大学是专业拔高的时期，虽然看起来比高中轻松了不少，但是学业的压力只有学生自己知道。如何积极调整心态，消除考试挂科后的消极情绪，迎头赶上，这也需要辅导员予以指导。辅导员在学生的学习中也扮演着重要角色。

(4)生活问题。这个时代的孩子大都是独生子女，家长十分宠爱，导致不少学生进入大学生活之后，不会自己照顾自己。新闻也经常报道，一个孩子上大学，全家大大小小好几口人一起搬家陪读；孩子不会自己洗衣服、不会自己收拾屋子等现象屡见不鲜。因此，辅导员要积极引导学生，培养良好的生活习惯，让学生早日学会生活自理。

2. 高校对高校辅导员的角色期望

辅导员在日常生活中通过对学生日常生活的服务和管理，引导学生参加各类社团和社会实践、组织开展寝室文化活动，既丰富了学生业余文化生活，使他们调整了知识结构，又陶冶了道德情操，提高了思想水平，密切了人际关系。这些活动也极大地促进了校园文化建设。

（1）具备网络思想政治教育能力：相比较于 21 世纪初期，我国现在的网络法律日趋完善，网络已经不再是一个完全虚拟，绝对自由的环境。最新出台的一系列新条例规定，在网络工具上散布虚假谣言者，转发量达到 500 条就可以判刑。目前为止，已经有一些高校大学生以身试法，得到了法律的惩罚。因此，辅导员要了解学生是否能够得心应手地应用各种信息技术，能否全面了解网络语言，以及各种新媒体技术。最重要的是，辅导员要教导学生在面对网络事件时，必须具有自己的思考和及时判断网络舆情的能力；要教导学生不可人云亦云，推动舆论的发展；也不可故意唱反调，彰显自己的独特，应该要独立仔细地思考，选择自己的立场。

（2）具备个人魅力：影响工作效果的一个至关重要的因素便是辅导员的个人魅力。受访的领导认为，虽然通过辅导员的教育，学生在形式上被动地接受了教育，但是并不能真正发挥作用，同时他指出，只有强化辅导员的人格魅力，才能够使学生产生敬畏感和信任感，学生才能从被动转化为主动寻求辅导员的帮助。举个例子，学生一般主动找辅导员谈心，目的很明确，就是希望可以得到有效解决问题的方法，而如果本末倒置，换成辅导员主动找学生谈心，那么可能在学生心中会自动地形成一层屏障，不利于走进学生的心里，为其答疑解惑，可能会影响到教育的效果。因此辅导员的个人魅力也在无形中影响着工作的开展效果。

3. 高校辅导员本人的角色期望

辅导员的任职时间不一，多则 5 年，少则 4 个月；辅导员的学历多为本科学历，部分是硕士学历；辅导员所学的专业并不全是教育专业，各种专业都有涉及，但是与教育相关的专业更集中。现今高校大学生绝大多数都是独生子女，不论生活在城市或农村，都曾长时间的生活在学校和家长的呵护下，比较缺乏自制能力，独立性不强，因此需要更多地在生活和学习上对其进行帮助和关心。因此，辅导员角色期望基本是围绕学生工作的本身，主要包括学生成长的指导，思想的引领和对学校、学生的作用发挥三个方面。

（1）学生大学生涯的领航员：辅导员在与同学们的接触中，能够被青年人的朝气所感染，使自己保持一颗年轻的心。每每看到学生在活动中获奖、在学业上拿下奖学金、在生活中自食其力，自豪感和满足感便会油然而生。辅导员是学生们最亲近的人，学生总会在第一时间向老师分享自己的收获与喜悦。面对着自己所带的学生，经过大学生活的熏陶，从懵懂逐渐成熟，并且综合素质得以提高，最后找到一份如意的工作，老师由此能够感受到教师职业的神圣。由培养一个全面发展的，对社会有用的合格毕业生，感觉到自己实现了较大的自我价值，仿佛就是大海上的灯塔，为学生们领航，为他们前进指明了前进的方向。

（2）学生思想上的引路人：大学期间是青年学生价值观形成的重要时期，面对相对复杂的社会熔炉，他们涉世较浅，思想容易受到不良思潮的影响，尤其是在互联网快速发展的今天。辅导员可以通过主题班会、专题团课、基础党课、社会实践等形式，引导广大高校大学生积极培育和践行社会主义核心价值观；认清国情和世界的发展的形势；了解社会；培养高尚的品质；培养其独立思考、辨别是非的能力；给予他们精神食粮，使他们能够主动地进行科学文化知识学习，掌握本领，立德修能，以积极的心态面对今后的人生。

（3）联系学校与学生的纽带：辅导员的职责范围几乎涵盖了学生的学习、生活、工作等各个方面，与学生打成一片，亦师亦友。对于学生的合理诉求的反馈、学校相关精神的传达，辅导员是其中的桥梁。在学校发展的进程中、在学生成长成才的道路上，高校辅导员有时候工作也难做，但是经过多方努力，最终也可以达到学生满意、学校肯定。学生和学校的良性互动，是他们工作中希望看到的最好结果。

三、角色定位问题对辅导员队伍管理产生的影响

（一）辅导员职业发展路径不畅

个别辅导员在工作中有工作拖延症，且容易出现冷漠、被动等待、不思进取、性格急躁等现象，不能很好地控制情绪，甚至想逃离辅导员岗位。最终，导致其调往职能部门或者其他辅助性岗位。与此同时，个别辅导员在行为方面还存在消极应付工作的情况，例如，逃避学生上门咨询或者有意地拒绝学生，减少与学生接触的情况。总而言之，就是个别辅导员不能针对学生的实际情况，科学地开展工作，从而确保工作的有效进行。

（二）不能充分保障思想政治工作实效

一般情况下，在高校中辅导员一人身兼数职，其基本工作主要包括：思想政治教育、党团建设、社团管理、公寓管理、就业指导、建设学生干部队伍。简而言之，也就是为学生的思想政治教育工作保驾护航，为与学生沟通打造一个良好的环境。与此同时，由于这些工作是相对琐碎的，分散着辅导员大量的精力，甚至影响其更好地开展核心工作，加之在日常工作中不能与时俱进地更新理论知识、教育水平、业务能力，这样一来就很难真正有效地切实贯彻创新管理，从而削弱思想政治教育效果。

四、影响高校辅导员角色定位的原因分析

（一）影响高校辅导员角色定位的社会因素

1. 社会宏观环境新变化带来的挑战

随着我国改革开放和社会主义市场经济体制的不断发展和深入，社会价值发生着急剧变化。市场经济带来的经济性、效益性和竞争性及自主性等影响，潜移默化地影响着每一个社会成员的观念和行为，必然也对辅导员的思想观念和价值取向造成深刻影响。这些影响一方面有利于辅导员开阔眼界，有利于激发起个人发展动机和成就欲望；但另一方面也有负面影响，过分看重个体性、自主性和竞争性，容易产生急功近利和个人主义倾向，导致辅导员角色行为不当和对角色认知模糊。辅导员作为高校教师的组成部分，以及其担负着思想等方面的教育和引导职责，具有较强的道德行为示范性，社会和学校等都对其赋予了较高的、不同的期望。因此，在实际工作和生活中，辅导员个体往往面临着新旧价值观念及时转变的问题考验，如若不能及时地进行心理调适，就可能陷入心理上的冲突和压抑，进而导致所扮演角色的冲突和混乱。生活在社会转型和发展时代的高校大学生，他们在思想、个性和行为特征等方面，无不深深地打上了时代的烙印。他们是伴随改革开放和全球化成长起来的一代，在学习世界先进文化和文明成果的同时，也容易受到腐朽思想和不良生活方式的影响。受到个人阅历和思想水平等限制，导致其在思想觉悟和生活、消费观念上容易被误导，产生个人主义、享乐主义、自由主义等倾向。除此之外，高校扩招问题、独生子女增加问题、就业问题等及其衍生问题的出现，也是影响辅导员角色定位的重要因素。高校扩招与高等教育大众化时代的到来，有利于提高我国整体文化素质水平，但也带来了不少问题和挑战。诸如生源质量下降，这是无可争论的事实。毕业生持续增加，就业难成了现实的问题，这也是引发高校大学生心理问题的原因之一。随着高校规模不断扩大，人数持续增加，所牵涉的问题也越来越多，上万甚至数万有着不同家庭背景、教育需要、思想水平的学生集结在校园里，给高校的管理带来了许多困难和挑战，这也使得辅导员角色外延不断被深化，工作任务在量上和难度上都有很大增加。

2. 学生工作转型和深化带来的挑战

我国高校辅导员的工作内容和主要职责与高校学生工作的内容是一致的，并随着教育改革的不断深入和学生工作的转型而发生变化与转换。其传统核心任务始终是加强对学生思想政治教育的引导。随着社会环境的变化和发展，促进了高等教育的不断进步，同时对高校学生工作的转型和深化也提出了新要求，这使辅导员的角色扮演面临新的挑战。辅导员制度建立之初，其工作主要集中在学生思想政治教育的引导和日常管理事务方面。但是随着我国现代化建设和市场经济的不断完善，素质教育的全面推进，学生面临的问题层出

不穷。学生压力大，心理问题凸显，要求加强学生的心理疏导；不良思想观念涌入校园，影响校园和谐氛围，要求加强校园文化建设；高校扩招，自主择业政策的实施，造成就业压力大，要求及时对学生进行职业生涯规划和就业指导；互联网的普及，虚拟空间里大量信息充斥，要求对学生进行思想教育的网络延伸……可见，辅导员的工作早已不再局限于思想政治教育，多重角色的扮演考验着辅导员的各种能力和素质。学生工作的转型和深化，使得辅导员被赋予了很高的期望，也使得工作内容被不断拓展。

辅导员既是干部，又是教师，这种双重身份的赋予是对辅导员队伍发展一种关照性的制度安排，给辅导员的发展提供了政策性倾斜。但是这种双重身份，也导致了对辅导员角色期望过多，既有来自作为教师的角色期望，也有作为干部的期望，使辅导员扮演的角色更加复杂化。这种高期望是对辅导员的激励，但同时也容易引起辅导员角色冲突和工作压力。

（二）影响高校辅导员角色定位的制度因素

1. 辅导员管理机制不顺畅

在一些高校中或多或少存在着辅导员管理机制不够顺畅的情况，大多处于校、院两级管理归属不清楚的状态，无论哪个部门基本都可以指挥辅导员。辅导员的考核、检查等工作由校学生处、团委和院里管理；人事任免、福利编制等由党委组织部和人事处负责。在这种多头管理的机制中，辅导员既要肩负学校委派的任务，又要处理院里的学生事务，导致辅导员扮演角色过多，岗位职责过于繁重，承担许多工作任务的同时，还面对着不同的行为规范，面临着来自各个方面的压力和监督。管理机制的不顺畅衍生出岗位职责的不明确，工作内容的复杂的问题，使辅导员角色难以定位，不利于辅导员角色的实际践行，其对学生进行思想政治教育的核心任务也难以履行。倘若遇到紧急情况或人手不足，辅导员是最先被想到的，从而变得异常忙碌，但遇到培训和进修等机会的时候，往往又无人问津。一直以来，我国对辅导员的角色定位主要分为两个方面，一个是行政人员，另一个是教师。也就是说，辅导员的出路和职业发展方向基本就两种：一种是努力向党政工作或行政管理工作靠拢，等待晋升提拔；另一种是专心于相关学科的教学研究，等待机会争取成为真正的专业教师。

2. 高校对辅导员队伍建设重视程度不够

部分高校不够重视辅导员队伍建设，在实际工作中，只把科研和教学作为工作重心，把经济效益和学术成果摆在突出位置，而忽视了高校辅导员的思想政治教育作用，或是只把其看作附庸职能。在实际工作中这种不重视表现为两种情况。

（1）人员配备不平衡：据相关调查，几所高校辅导员和学生的比例达到了1：300或1：350，甚至更低。辅导员在学校编制上得不到保障，有些学校还存在以兼职代替专职辅导员的现象，不仅影响辅导员队伍建设，而且也影响其自身发展。

（2）结构不合理：近年来，辅导员的学历层次较以往有所提高，硕士生和博士生也加入了辅导员队伍，为辅导员队伍注入了生机与活力。但辅导员队伍结构问题突出，一些学校在辅导员的选聘时主要强调辅导员是不是中国共产党党员，是不是硕博学历，而其实际所学专业被放到次要位置。尤其是一些理工科专业毕业的辅导员，他们未经过专门的职业培训，缺少教育学、心理学、社会学和管理学等相关知识，缺少学生教育和管理的功底及技能。

（三）影响高校辅导员角色定位的个体因素

毋庸置疑，高校辅导员的角色定位会出现偏差是有原因的，而这主要可以分为：主体原因，即辅导员自身的原因；客体原因，即外部的原因。

1. 辅导员自身的性格因素

性格，是指人对现实的态度和行为方式中比较稳定的，与社会相关最密切的人格特征。只有具备该职业所要求的性格特征才能更好地适应这一职业工作。选择职业时，要充分考虑自身性格特征与职业特点，实现性格与职业的匹配，有利于更好地发挥个人才能和优势，这在职业心理学和人力资源等领域早已成为无可争议的事实。辅导员作为一种职业，对从业人员的性格具有特殊要求。作为教育工作者，经常和学生接触，从事学生事务的教育和管理工作，其言行对学生性格的形成和发展具有潜移默化的影响；作为行政管理人员，经常与上下级打交道，负责传达和执行上下级间的任务。正是由于辅导员在高校中担负着教育引导、监督管理、桥梁纽带和榜样示范等作用，要求辅导员具备积极、健康的心态和开朗、乐观的性格。辅导员工作是一项爱心与责任心共融的事业，教育不能缺少爱，所以是否具有较强的事业心和责任感，是否有耐心和热情，是否开朗而稳重等，是辅导员选聘时应该慎重考虑的。

2. 辅导员角色自信不足

辅导员的态度也是影响其能否充分发挥身份作用的关键因素。如果辅导员自身都不热爱自己的工作、对自己缺乏信心，认为自己不能够很好地融入工作之中，以消极的情绪对待工作，那么又如何能够充分发挥角色功能呢？相反，如果作为角色主体的辅导员能够从心里认识到辅导员工作的重要性，对自己的工作充满了自豪感，乐于工作，那么必然在日常的工作中会更加强调细节，同时自觉地不断提升自我、充实自我，从而更契合其群体角色期待。辅导员的角色归属感处于相对较低水平。现实生活中，一些辅导员错误地低估自己，认为自己的工作其实就是临时性的，只是一个过渡阶段而已，他们希望自己在未来的工作中能够成为优秀的专任教师，或者职能部门的工作人员。在这样的想法的影响下，从事辅导员工作的人随着工作年限的增加在逐步减少，特别是坚持七八年以上的工作人员更可以说少之又少。绝大部分的人在工作三到四年左右的时间就会选择重新调整自己的岗位，部分辅导员甚至表示希望可转到专业课教师队伍之中。这就导致了刚积累了经验的辅导员就流失，或者转到学校其他部门的工作中去，而这样学校就不得不聘用新的人员来弥补辅导员的空缺。这就难免会产生因资历较老的辅导员的调动，导致对新进辅导员的帮扶和指导功能的缺失问题，这对于辅导员甚至可以说对整个高校学生工作的开展都是非常不利的。因而，可以说，在对待角色的态度问题上，很大程度影响着辅导员个人的发展定位，态度不同，岗位作为也会迥然各异。目前，高校辅导员角色的职业方向不够清晰，角色素养等方面也不容乐观，在这一尴尬的局面下，辅导员的工作就更加难以顺利地开展。加之辅导员队伍专业化程度相对较低，距离形成一个专门的职业方向还有很长的路要走。对自身的职业发展，不少辅导员感到困惑。他们扮演着多重角色，始终奋斗于学生工作的一线，导致没有精力去引导和教育学生，难以腾出时间来提升自己的专业素养。目前高校辅导员队伍流动性大，整体队伍以年轻人为主，且缺乏专业水平，因此当务之急是要进一步强化辅导员的自身素质。

3. 辅导员对自身角色认知的偏差

实际上，不少辅导员都把自己的角色定位为行政管理人员，而在实际工作中，辅导员扮演着多重角色，多方面的要求和角色期望，使一些辅导员忽视了思想政治教育引导者这个本职主要角色，出现不同程度上对自身角色的认知偏差，造成以行政工作为主、工作重心偏离等现象。一直以来，社会和学校等对辅导员的认知和评价等方面存在不合理认识，致使一些辅导员对自身角色的评价不是很理想，职业认同度不高。一些辅导员选择本职业并不是因为自身职业兴趣，而是考虑到其他诸多原因，把辅导员岗位定位为读研的捷径，进入学校管理层的踏板或是成为专业教师的曲线方式等。这些自我认知的偏差，容易造成社会等其他方面对辅导员职业认可度的降低，不利于辅导员专业精神的提升，更不利于辅导员队伍的专业化发展。

除此之外，多数辅导员普遍反映：他们很想投入时间与精力让自己的工作得到提升，但经常被琐碎的事务性工作所困扰。究其原因，主要是高校人力资源管理技术使用程度比较低，当前高校运作体制还有待于完善。纵观我国高校，班级作为学生开展活动的最小单元，与学生有关的各个方面的事务性工作，就落到了专职辅导员和兼职班主任老师等基层学生工作者的身上。除此之外，兼职班主任老师往往多为专任教师，忙于教学任务，同时这些工作岗位的职责也没有被明确限定。学生为了方便，有事情直接找辅导员，使辅导员在工作当中总是感到手足无措、条理紊乱。通过与一线辅导员的访谈，绝大多数辅导员表示很少接触到有关辅导员角色冲突调适，以及有关能够提高个人技能等方面的书籍。除此之外，在实际的工作中，组织更强调的是要求辅导员确实服从上级的安排，接受并履行上级所交代的任务。但是却不能科学地定位自身角色，即表现为一些辅导员认为自己在学校工作中充当"学生保姆""后勤人员"的角色，认为自身与管理干部、专业教师等均有着大的出入，甚至认为自己所从事的不过是一些技术含量较低的"杂活"，而不能客观、准确地定位自身的地位、身份、职责。这种局面的形成，与外界对辅导员的角色期望和辅导员对自身的角色认知密不可分。

4. 辅导员自身专业素养和专业技能有待提升

从职责和工作内容的角度考虑，辅导员工作是高度的专业性和综合性的统一，要求辅导员应具备较强的职业素养和工作能力，这是辅导员角色本身对角色扮演者的客观要求。但是由于辅导员工作内容宽泛，工作量大，既要负责学生日常事务的教育和管理，还要负责相当的行政职责，多种角色于一身，使得辅导员在忙碌之外，没有多余的时间和精力进行及时地学习来提高个人专业素质和能力水平。加之很多学校对辅导员队伍建设的不重视，缺少必要的辅导员专业技能培训，在辅导员职业规范方面管理松懈，引入不少未达到职业要求的人员，造成一些辅导员专业素养和技能不高、业务知识欠缺和知识更新不及时等问题。致使不少辅导员缺少对学生进行教育引导和事务管理的技能和知识储备，部分辅导员面对工作的新形势和新问题缺乏相应的新手段、新办法，容易引起处理事务时的不适应和手忙脚乱，不利于工作的顺利开展，甚至给角色扮演带来冲突和紧张。这是影响辅导员角色合理定位的重要因素之一。

5. 角色实现保障机制不完善

党中央对新形势下的高校学生思想政治教育工作十分重视，对高校辅导员的建设与发展提出了更高的要求。在高校辅导员角色日益完善、优化的同时，必须进一步强化政策，但是就当前各大高校的实际贯彻情况来看，显然存在认识水平不够深化、考核制度滞后、保障机制力度不够、培训力度不足等问题。具体而言，主要有以下几方面。

首先，过于宽松的选拔招聘环节。其主要体现在没有明确选拔标准，绝大多数的高校在招聘过程仅强调要具有一定的"学科专业背景"，而没有进一步具体、明确的规定标准，从而使所招聘的辅导员来源广泛，背景复杂。例如，过于薄弱的专业技能或者与所带的学生的专业不相吻合等情况。这样一来就很容易影响辅导员在工作中顺利地开展工作，给其职业化发展带来一定的压力。

其次，对入职的基本要求不高。虽然说在一些招聘会上高校多会要求应聘辅导员者要具有职业指导师、心理咨询师等资格证书，但是在实际的选拔人才中对这些因素的要求并不高，甚至只需要通过笔试、面试等综合考量，即可确定结果。有的辅导员培训班为期7天，总计56学时的学习，完成培训和考试后，能够顺利获得辅导员资格证书。部分新进辅导员并没有参加过相关培训，不利于新辅导员真正掌握工作所需知识和技能。

综上所述，高校辅导员宽松的准入门槛，这无论是对招聘或者辅导员日后开展工作都是非常不利的。另外，高校未充分发挥考核机制效果。当前很多高校在考核辅导员中存在过于重视奖惩而忽视发展的重要性，流于形式或者简化考核体系，过于强调结果而忽视了过程的重要性，或者没有使用恰当的考核方法，等等。总之，尚未能充分发挥考核的作用，不健全的考核体系很难真正激发队伍的工作活力，反倒带来一些负面影响。

再次，培养培训力度不够。纵观全国高校专业设置，没有专门的高校辅导员专业，缺少学科体系支撑，终将影响到辅导员职业化、专业化发展。虽然教育部强调一定要切实贯彻对本校辅导员的辅导和培训工作，但是就当前的实际情况来看，仍存在形式化现象。短暂性的岗前培训，或者以下发应急性的任务为主要讲解方式，导致出现了严重的培训短板。除此之外，由于过于单一的培训方法，缺乏针对性的培训内容，陈旧的培训方案，缺乏专业的师资队伍等诸多方面的因素影响，整个培训过程充满了随意化的色彩。

最后，尚未健全完善的激励保障制度。就当前来看，我国很多高校都尚未建立健全完善的激励保障制度。与此同时，由于人的精力是相当有限的，辅导员被日常烦琐的事务缠身，因此无法挤出更多的时间投入科研或者其他领域的工作当中。但是教学、科研、个人奖励、评优评先等各方面对教工的个人评价却有着很重的分量。因而在日常的工作中就会出现一个这样的局面，即辅导员已经付出了极大的努力，但是由于没有达到科研成果、课题，以及教学工作量等，而无法获得晋升或者评定职称。在当前的高校人事管理制度下，职称对于一个教师一生的发展又是极为重要的。这样一来就会使辅导员的工作量大，但是工资却不高，如此一来就不能很好地激发其工作的热情，无法使其更好地融入日常的工作中。

五、对高校辅导员角色定位的建议

（一）坚持把思想教育者角色摆在首位

调查结果显示，高校辅导员的角色定位虽然丰富，但学生最希望辅导员扮演"学生问题的解惑者"。因此，高校辅导员应先扮演好这一角色。面对学生在学习和生活方面的问题，辅导员要积极帮助学生有效地解决问题；面对复杂的国际局势，学生容易受到不良思想的影响，辅导员应对学生的思想加强引导，提高学生的思想政治素养。辅导员应明确自身的岗位职责，明确自身的思想政治教育者的身份。

（二）逐步降低管理者角色的显要位置

调查结果显示，学生最不希望辅导员扮演"学生工作的管理者"这一角色。辅导员的角色定位虽然要将学生的意愿作为依据，但不能完全遵循学生的意愿。因此，高校的辅导员要逐步淡化其"学生工作的管理者"这一角色，但不能完全从辅导员角色集中将其消除。辅导员作为学生工作的管理者，应适应教育环境的变化，转变自身角色，由学生工作的管理者逐步转为学生工作的服务者角色，以便更高质量地完成学生工作；另外，辅导员要逐步降低管理者在其角色组合中的显要位置，改善自己与学生之间的关系，与学生平等相处，提高自身的亲和力。

六、新时代高校辅导员角色建构的出路

(一)减少辅导员角色期望的多样性

辅导员的角色期望是因时而进、因势而新的，新时代辅导员角色期望有发展性、多样性和冲突性的特点。在新时代高校辅导员的角色集中，包含9个不同领域的角色，这些角色包含了"事务工作者""理论研究者""教师""朋友"等性质不同的角色。"事务性工作者"需要个体耗费大量的时间和精力，重复性极强，而"理论和实践研究者"需要个体静心于理论研究，要求个体富有创造性。这两个角色对其扮演者的要求相差甚远，因此辅导员在扮演着"事务性工作者"角色的同时很难再扮演好"理论和实践研究者"的角色；"教师"为人师表，需要具备一定的理论知识和丰富的实践能力，为学生传道授业解惑，是师者和长辈，而"朋友"是建立在双方平等基础上的身份，要求双方有一定的相似性，是伙伴和同辈。因此，辅导员在扮演着"教师"角色的同时也很难再扮演好"朋友"的角色。新时代高校辅导员角色的发展性导致其角色集的多样性，而角色的多样性又导致了其角色的内在冲突性。但在国家和社会所赋予辅导员的角色期望不能改变的情况下，配置班主任和辅导员助理来承担部分角色，是减少辅导员角色期望多样性的另一种途径。

(二)提升辅导员的职业地位

辅导员在高校工作体系中还是教师身份。虽然可以承担相应的行政工作，但不能影响辅导员日常的学生事务管理工作及教育教学工作。保证辅导员教师角色不改变，从根本上要推进辅导员队伍专业化建设。这种专业化表现，一方面，要提高辅导员的地位，提升辅导员对自身的认同感；另一方面，提高辅导员专业技能和专业素质，打造高水平高标准的辅导员教师队伍。

(三)提高辅导员角色领悟的充分性

从新时代高校辅导员角色领悟的现状分析可知，辅导员并不完全认同自身角色。其中，"思想理论教育和价值引领者"的角色领悟程度最高，比率接近1%；"理论和实践研究者角色"领悟程度最低，有23.6%的辅导员不认同此角色。辅导员的角色领悟会决定其角色实践。虽然现实情况会使两者存在偏差，但个体还是会在实践过程中努力扮演好自己认为应该扮演的角色。从对优秀辅导员的访谈资料中可知，他们完全认同自我角色，角色领悟水平很高。他们会在完成自己工作的基础上钻研1~2个角色领域，同时能坚持工作中的理论研究。要致力于提高辅导员角色领悟的充分性，就需要结合被访谈辅导员的职业成长环境、成长路径，以及外部支持的需求来进行分析。因此，推动思想政治教育学科建

设，加强辅导员专门人才的培养力度；建立职业准入制度，把好辅导员入口关；实现辅导员工作注册制，把好辅导员工作过程关；完善各级培训制度，加强辅导员培训力度等。这些都是组织提高辅导员角色领悟的有效策略。

1. 加强辅导员专门人才的培养力度

和国外的高校大学生事务工作者不同，我国目前并没有一个对应辅导员工作要求而设立的大学专业来培养辅导员的专门人才，大多数高校在招聘辅导员时也并不限制辅导员的专业，这就造成了新进辅导员在扮演角色的初期无法深刻地认识角色期望，也就不可能很好地完成自身的角色领悟。这成为辅导员在角色领悟中的先天不足。强大的学科支撑，连贯的人才培养路径是专门人才培养的一个决定因素。辅导员最初的职业角色为"政治引路人"，因此，思想政治教育学科作为其学科支撑有其历史性和必然性。但随着时代的发展，辅导员的角色从单一角色到九个角色，思想政治教育学科的支撑是否足够？是否在时机成熟时可以将辅导员工作发展为学科的一个专业方向？辅导员工作专业方向是不是社会学、心理学、思想政治教育学科的交叉学科？这些都是辅导员能否深刻领悟自身角色需要有效地解决的源头问题。与此同时，辅导员博士培养作为辅导员高级专门人才的重要培养途径，应该在学术上、实践上为博士生创造良好条件，高校亟须一批既熟知从事辅导员职业相关的理论知识，又熟悉辅导员实际工作的博士生导师来加强辅导员博士的培养力度，让理论走出书本和辅导员的工作实际紧密结合。高校要为博士生提供担任低年级学生辅导员的工作机会，让他们在实践中研究理论、创新理论，推动学科和专业的发展，也加强辅导员整体的角色领悟程度。

2. 建立职业准入制度

实现辅导员工作注册制，把好辅导员工作的过程关；完善各级培训制度，加强对辅导员的培训力度。在辅导员入口处建立必要的职业准入制度，可依据《高等学校辅导员职业能力标准（暂行）》的知识范畴进行专门考试，通过后取得执业资格证书，有执业资格的辅导员才能参加高校辅导员的选拔任用，让他们在成为辅导员之初就能充分知晓自我角色。采用全国统一的辅导员工作记录，让初级、中级、高级的辅导员年限有权威的机构进行记录和认证，使辅导员的管理过程实现统一化和规范化，并针对不同工作年限的辅导员进行不同程度的角色领悟方面的培训。加强对辅导员科研项目和访问学者的支持力度，让更多的优秀辅导员在工作实践中接受高水平的学术指导，提高角色领悟水平，提高学术能力。加大思想政治教育工作专项博士的招生力度，让更多优秀的辅导员接受系统的学术训练，成为辅导员学术研究的先行者，推动辅导员整体角色领悟水平的提升。扩大辅导员短期国内外交流和短期培训的覆盖面，交流学习的机会应更多地向独立本科院校辅导员和高职高专院校辅导员倾斜，让他们能够在繁重的工作中进行学习交流，从而更好地提高他们的角色领悟水平。

（四）拓宽辅导员实现价值的路径

辅导员作为高校大学生思想政治的教育者、思想价值的引领者，实现个人价值的重要方式就是做好高校大学生思想政治教育，成为高校大学生学习、工作、生活上的领路人。学校应为辅导员提供对学生进行思想政治教育的更多渠道，不能仅局限在课堂教学之中。

（五）减轻辅导员角色实践的繁重性

从高校辅导员角色实践现状可知，辅导员在角色实践中面临繁重的日常事务性工作，这耗费了其大部分精力，导致其自我角色领悟和角色实践难以保持一致的问题。因此，要减少辅导员角色实践的繁重性，提高辅导员角色扮演的充分性，需要采取划清辅导员工作界限和营造同向、同行育人环境的策略。

（六）促进辅导员有效建构自我角色

在采取以上策略帮助辅导员减少角色期望的多样性、提高角色领悟的充分性、减轻角色实践的繁重性后，组织还应该采取构建辅导员工作团队、打通辅导员"多线"晋升通道的策略，来帮助新时代高校辅导员有效建构自我角色。

1. 构建辅导员工作团队

学校应培育辅导员工作团队，实现辅导员角色的单一化，尽量在配置一线辅导员时遵循事务型辅导员（本科生）和研究型辅导员（硕士、博士）相结合；初级、中级、高级辅导员相结合；不同专业教育背景的辅导员相结合的原则。在日常培训中丰富培训的层次和内容，满足处于不同发展阶段的辅导员的需求，引导不同年限的辅导员结合自身特长进行职业规划，鼓励他们坚持某一专业领域的研究，成长为这一领域的专家。将一个基层教育单位的辅导员团队，培育为九个角色均有专家的专业学生事务管理团队，指导学生有效地解决成长过程中的不同困惑。

2. 打通辅导员多个晋升通道

教育行政主管部门需要督查高校将《普通高等学校辅导员职业能力标准（暂行）》《普通高等学校辅导员队伍建设规定》中的人员配置、职称评聘等政策切实贯彻落地，避免出现政策"空转"。高校要切实贯彻辅导员职称评聘单列计划、单设标准、单独评审，评审过程应充分考虑辅导员工作的特殊性，不能简单地与专业教师序列一概而论。各学校应根据自身情况制订辅导员评级定级细则，对应相应的职级待遇，让辅导员职务晋升不单为狭窄的"机关"途径，形成辅导员职称、职务、职级的"多线"晋升通道，稳定辅导员队伍，做好辅导员专业化、职业化发展的导向。

第三节　高校辅导员队伍制度及发展理念

一、高校辅导员制度存在的问题

（一）辅导员的角色不清

辅导员担负着学生思想道德等方面的教育职责，工作在学生思想政治教育第一线，是高校学生德育主体的组成部分。辅导员管理学生的各项事务，如主抓课程安排、上课出勤、寝室卫生和组织各种活动等。辅导员与学生之间的关系被理解为管理与被管理，却忽视了教师与学生的关系。正是由于辅导员职责覆盖范围含糊，日常学生事务琐碎，工作重点难以突出，而且处于受多个部门管理和监督的学校管理机构最底层，使辅导员很难获得专职教师一样的素养和尊重，其教师身份时常被忽视成为不争的事实。辅导员本人不容易得到社会、学校和学生的认同。辅导员岗位更容易被认为是不具有专业性，而是具有较强的替代性的职位。

由于辅导员日常事务繁重和角色定位的不清晰，使得辅导员本职工作不能很好地发挥和展现，陷入了两种困境。一是学生日常事务和管理工作繁重，都不分职责地落到了他们身上，不得不处理；二是处理这些事务要花费大量的时间和精力，有悖于对学生进行思想政治的教育引导、心理上的辅导、职业生涯规划和就业等方面的指导。尽管其做了很多工作，但是在心理上与学生处于一种游离状态，很难真正走进学生心里，成为知心朋友，导致了辅导员实际工作量与工作效果的不平衡，工作效率低下。这种在学校中角色定位不清的情况，还容易导致辅导员对未来职业发展不明确，职业发展信心和动力不足，造成很多辅导员在心理上缺少归属感和成就感，不利于高校学生事务工作的顺利开展。

（二）双重身份

高校辅导员具有教师与干部的双重身份。但通过调研得出，辅导员真正走上教学岗位的难度相当大，少数辅导员也承担着如就业指导课、公共选修课等一些考察课程的授课工作，但工作量被限制，职称评定可谓壁垒重重。此外，从调研高校定岗定编等相关资料的分析来看，辅导员的定岗定编绝大多数情况下与专任教师是一致的。与此同时，有很多高校都明确要求要给予一线教师一定的政策倾斜，不能让其教师岗、行政人员"双肩挑"，换言之，辅导员本身就具有双重身份，因此在待遇上也不能让其仅享受一种。如果出现"双肩挑"的情况，对辅导员开展工作是非常不利的，非常容易引起辅导员以消极的态度对待工作，加剧了辅导员队伍的流动性。目前，不乏有一些人将高校辅导员等同于"服务员""保姆"。在大部分领导及教职员工的心里形成了一种定势：凡是涉及学生的事情都是辅导员的工作职责；后勤服务、教学管理、安全保卫等学生工作以外的任何部门都可向辅导员发号施令。而国家层面、上级教育部门有关文件精神在高校的切实贯彻中，缺乏细化的具体条款，辅导员的岗位权益未能得到有效保护。很多辅导员自身颇感迷茫地感慨"辅导员是块砖，哪里需要往哪里搬"。

（三）辅导员在高校中的地位有待提高

从高校辅导员自身来讲，对辅导人员的综合能力、专业素养等各方面均提出了严格的要求。但是据统计，有相当一部分辅导员并不满意自己的职业。在高校大学生的心目中，多数学生认为辅导员值得爱戴、尊重，因为他们的存在，有利于高校大学生的健康成长。相关部门规定了高校辅导员的首要任务，是对高校大学生进行思想政治教育，十分明确地指出高校辅导员和专业教师同等的德育教师身份，理应发挥同等重要的作用；在学校管理者及相关职能部门的眼中，辅导员的地位和专任教师相比，还是有一定差距，有些人甚至认为辅导员没有什么工作成果，也没有科研的能力，学历也不高，因此薪酬待遇低、职业地位低都是正常的。总之在整个高校教职工群体中，辅导员并没有得到充分客观的评价和认识。

（四）角色冲突

辅导员扮演着多重角色，也背负着不同人群的角色期望，他们既是社会、学校、家庭之间的纽带，也是上级、教师、学生和家长之间的桥梁，面对着来自不同方面的期望。就国家而言，希望辅导员成为思想政治教育引导者，提高学生思想觉悟；对于学校而言，希望辅导员成为学生的良师益友、学校相关政策的良好传达者和执行者；对于学生家长，希望辅导员关心和负责离家学生的生活和学习；对于学生而言，希望辅导员不是管理者，而是知心朋友，能够给他们提供及时的帮助和指点。可以看出，辅导员在高校工作中处于节点位置，一旦出现两方或两方以上利益冲突时，辅导员往往进退维谷，既要及时完成上级下达的要求，又要考虑学生的情绪和意见，所以这个职位要求其在这个节点上要寻求平衡。如果处理不当，就很可能使自身威信和学生的亲近感下降。辅导员作为高校教师的重要组成部分，渴望受到社会的良好评价和认可，渴望受到任课教师同样的待遇和尊重。其对个人发展空间和职业长远规划、科研和培训也有要求，而这些要求的事与愿违，则往往容易引起角色冲突。此外，辅导员自身性格和价值取向等局限也可能会引起角色冲突。处理大量的学生工作和负责上下级信息的传达，要求辅导员具有良好的交际能力和开朗的性格，更要具备较强的心理承受能力。面对日益变化的各种观念，辅导员如果不能及时转变观念应对，对新旧观念进行调适，很可能在工作时陷入角色冲突之中。

对于高校辅导员来说，面对不同且过于复杂的角色期望，同时又要在工作中处理不同角色间的实时转换，很容易导致辅导员对某一岗位应该扮演的角色出现判断困难或失误，到底该干什么或是不该干什么界限不清楚，感到无所适从。辅导员的职责在理论上，应该是主要负责学生思想、学习、生活和就业等方面的指导、服务与管理。但从辅导员实际担任的工作来看，许多非本职的工作都落在了他的身上。因为辅导员往往隶属于某个院系，当院系出现工作任务量大，人手不足时，辅导员就被拉来承担教务工作或是教学工作。

（五）辅导员配备制度不合理

我国在辅导员人员配备制度方面，存在着制度规定与现实需求脱节的现象。根据全国高校学生辅导员队伍建设来看，对于教育部要求的按照1：200的标准配备辅导员，很多高校都没有达到这个标准，因而，教育部对于这个要求标准配备辅导员有待调整。

其一，在实际工作中，对于一些特殊学生群体，如艺术体育类学生，他们的思维较普通学生更为活跃，个性鲜明，有着不同于普通学生的特点和需求，经常会有各种训练及外出参演节目的情况不在学校。相对于管理普通学生而言，辅导员对艺术体育类学生的管理难度比其他辅导员更大，如果也按照一名辅导员管理200个学生甚至更多的话，很难真正达到对学生的有效管理。

其二，目前我国高校的团委下设学院团委，学院团委下设学院团委书记。经了解，目前高校的学院团委书记大多是由辅导员兼任，一方面辅导员学生工作千头万绪，另一方面再加上团委学生的工作，辅导员的工作压力不言而喻。根据以上情况，如果也按照1：200的比例配备学生辅导员，则容易导致辅导员因事务性工作太多，而对学生隐性存在的问题难以及时疏导。

（六）辅导员选聘制度缺乏统一标准

虽然从国家层面上对辅导员应该具备的业务素质做了指示，但这只是一个政策宏观上的指导，并未对高校辅导员选聘工作的笔试考核、面试考核等制定相应具体实施办法，导致各高校在具体执行政策时，难免会存在标准上的误差。实际上，各高校辅导员招收门槛高低不一，辅导员质量参差不齐的现状，也使得其在管理高校大学生的日常事务方面出现不少的问题。

第一，过多强调政治素养，忽视专业学科背景。通过对全国百余所高校的招聘辅导员岗位的启事进行归纳汇总发现，几乎所有高校都明确要求辅导员应是中国共产党党员，68%的高校在学科背景方面不做硬性规定；而在要求学科背景的高校中，只有51%的高校更倾向于选择有"思想政治教育""教育学""心理学""管理学"等相关专业的应聘者。

第二，学历门槛偏低，与现实需求脱节。随着高等教育大众化，各高校对招聘辅导员的综合能力要求越来越高，特别是在学历上的要求，也有比较明显的变化。通过对全国百余所高校的辅导员岗位的招聘简章进行分析获悉，近年来，高校对应聘者的学历要求越来越高，绝大部分高校在招聘公告上明确要求应聘者须达到"硕士及以上"学历，部分高校甚至要求辅导员必须是博士。而我国教育部规定的辅导员学历要求应是本科及以上的标准逐渐与现实需求脱节，已不能完全适应高校的发展。

第三，招聘存在性别、年龄、地域及学校层级限制。如在性别方面，各大高校更愿意吸收男性辅导员，或在其招聘信息上明确规定"只限男性"，更有甚者，对男女应聘者的身高都做出了明确的限制，比如男性不低于170cm，女性不低于160cm；在学校层面，有部分学校甚至拔高了学校在应聘中的作用，以"第一学历学校是211或985"等条件进行选拔，这些招聘条件往往容易导致辅导员队伍性别不均和名校崇拜等问题的产生。

二、高校辅导员队伍专业化、职业化理念

（一）辅导员职能发展

在高等教育改革不断推进的过程中，高校的学生工作体系越来越复杂、精细。国内高校纷纷成立了专门的学生工作部门，并且大都是将作为党委机构的学生工作部和作为行政机构的学生工作处合署办公，统称为"学生工作部（处）"。同时进一步细分部门设置，设立了思想教育和学生事务管理的专门机构，这标志着在高校已经有了学生思想政治工作和学生事务工作分别由不同人员负责的工作要求。学生思想政治工作和学生事务工作的分开之后，辅导员原本"一元化"的工作模式被打破。举个例子，就业中心的成立，一方面是市场化之下高校改革的产物，另一方面将原本辅导员对毕业生工作分配的职责剥离；心理中心的成立，则表明学生事务与政治思想进一步脱离。在此之前高校几乎不关注学生心理问题，心理辅导即是"做思想工作"；废除了国家包上大学的制度后，面对贫困生上不起学的情况，勤工助学、资助管理等部门相继成立。越来越多的学生管理事项走上了专业化、专门化管理的道路，以往辅导员"一元化"政治性统合的工作逻辑不复存在。

"一元化"政治性统合的工作逻辑不复存在之后，辅导员制度的逻辑应转向哪里？以某大学为例，该校《本科生辅导员工作职责条例（试行）》规定辅导员的职责有"思想政治教育工作""学生管理工作""辅导咨询工作""素质能力提升"共4个板块、16项内容，除了思想政治教育工作之外，辅导员需要承担诸多辅助性支持。由此可见，在整个学工系统中，辅导员越来越多地提供一些功能性的支持，成为连接学生和各职能部门或者部门职责的桥梁。举个例子，向就业中心反馈班级学生的毕业动向、组织同学参加心理健康测试、对贫困生进行认定并为其申请助学金等。因此辅导员的工作不再是"一元化"的政治性的工作，而是涉及许多方面——思想政治教育、制度建设、奖助金评定、职业发展支持、心理健康工作等。这些工作有的需要辅导员亲自开展、全权切实贯彻；有的在学校设有专业的职能部门来承担相应职责，但是需要辅导员来配合其工作的开展。辅导员的角色由"一元化"向

"多元化"过渡，从政治性的统合向专业性的支持转变。我国辅导员制度沿着"一元化"政治性统合到"多元化"专业性支持的逻辑，在身份定位、职责要求等方面发生了重大的变化。

在我国建设世界一流大学的过程中，未来辅导员制度的何去何从逐渐受到越来越多的关注。当前，高校辅导员所需处理的事务千头万绪，相应的配套制度却没有跟上，致使辅导员缺乏工作积极性。而作为高校辅导员而言，"专业化""复合型"也越来越成为当前工作中最急迫的要求：一方面是思想政治专业的素质需求，另一方面是各种事务性事项的能力需求。要转变对辅导员培养的观念和思路，有必要以思想政治教育专业为核心。构建综合性、复合型的课程体系，培养专业的辅导员团队，让更多的专职人员走上辅导员工作岗位，这将在很大程度上有利于辅导员工作的开展及辅导员价值的发挥。

（二）辅导员职业化

职业化一词在辅导员这一职业中是指，从事该行业的人员应该经过辅导员相关方面的培训与教育培养，从而掌握对学生进行思想政治教育工作的方法手段，掌握学生管理事务的专业技能与理论知识，令辅导员这一职业成为一个可以长久从事的职业，有利于辅导员队伍管理体系与机制的建立。辅导员工作的职业化存在以下四方面要求。

一是为了让广大辅导员认识到该职业的发展前景，提升工作积极性。高校人事部门需要设计一个辅导员考核、任职、晋升的制度改革体系，通过明文来确定与鼓励该职业是长期稳定发展并可从事终生的职业。

二是辅导员只有在经历一系列的严格的培训和专业学习后，达到从业标准才可以正式上岗。

三是加强对辅导员的职业生涯规划指导，使其发展渠道得到拓展与畅通，使其发展空间得到提升。从一定的专业方向出发，对辅导员从业人员进行培养，同时还要促进与确保工作职责的有效履行。

四是对辅导员的培训与再教育要进行规范化管理，各个高等教育学校要依据当代高校大学生思想政治教育的需求以及高校发展的需要，采取优胜劣汰的原则，通过定期考核的方式，对不合格的辅导员进行淘汰。

（三）辅导员专业化

这一方面主要是就辅导员应该具备的职业技能与专业素养来说的。这一工作不是任何单位的工作人员、任何毕业生都能够从事的。这个岗位自成专业体系，要求从业人员有着过硬的综合技能与多门专业知识。主要包括：社团组织、社交礼仪、人际关系、就业指导、心理咨询，管理学、教育学、心理学、思想政治教育，辅导员只有在经历一系列的严格的培训和专业学习后，达到从业标准才可以正式上岗。只有这样才可以清楚地认识到困扰学生的问题，做到深入理解学生所遇到的困难，用自己的经验、技能、知识提供给学生相应的帮助和引导。高校辅导员的无可替代性与专业化，是让从业人员心甘情愿地履行职业义务的保证。高校辅导员这一工作的专业化也可以通过实际的教学工作来体现，需要为学生讲解专业的知识，包括思想政治教育、人际关系处理等，这些都需要具备较高的专业能力。辅导员需要在这些方面不断进行提升，以此来不断增强个人的专业化水平。

辅导员工作的职业化、专业化还要求高校辅导员需要具备一定的科学研究能力与水平。传统的教育思维认为，高校辅导员这一项工作的开展仅仅是靠着相关的工作经验和人格魅力，而较高的理论水准在这一行业需求则没有那么大。这种传统的、落后的教育思维不但降低并阻碍了高校辅导员队伍的整体发展水平，也阻碍了从业人员职业能力素养、探索新方法能力的提高。

第四节 高校辅导员队伍建设路径

一、凝聚辅导员职业文化

在长期的实践和发展中，每一种职业都会在其条件成熟时形成专属的文化。这种精神文化是该群体共同的理想信念、价值观念、职业习惯等综合而成的，反映了该群体的特征，是群体的灵魂和精神纽带。辅导员的职业文化也是如此，它能够增强辅导员个体的归属感和集体感，从而产生推动整体进步的凝聚力。

(一)成立辅导员研究协会

精神文化具有内生性的特点，换言之，辅导员的职业文化只能依靠辅导员全体成员共同创造产生，而不能靠移植、复制而得。辅导员共同体创造文化需要依托于特定的辅导员组织，而不是散落的、单个的辅导员个体。放眼全国，关乎辅导员的协会或者组织发展不够充分，中国高等教育学会辅导员工作研究分会(Fudaoyuan offairs research branch of China higher education association，FAR)作为全国性的辅导员协会"出场率"不高，其官方网站建设略显滞后，版块信息少而且更新慢，有些甚至还停留在 2014 年，整体上并没有发挥出其应有的作用。地区或者高校性的辅导员协会数量也相对较少，江苏省高校辅导员工作研究会、合肥师范学院辅导员协会、华侨大学辅导员协会等是为数不多的代表。

群体是由若干个体组成的，个体通过一定的方式发生相互作用，在相互作用中逐步建立稳定的关系，进而发展成某种感情，这种情感因素对于群体任务的完成起着重要作用。

高校辅导员协会等组织的建立对于增强辅导员群体内聚力，繁荣辅导员职业文化是至关重要的。因此，要鼓励成立高校或者省市级的辅导员组织，辅导员群体规模较小的高校或者省市可以联合周边成立地区性的辅导员组织。更重要的是，辅导员协会等组织成立之后要确实发挥作用，凝聚地区内的辅导员个体，否则，一切都将是摆设。

（二）搭建合作交流的平台

辅导员职业文化的发展要依托辅导员研究协会以及颇具影响力的期刊，进而努力搭建辅导员的合作交流平台。一方面，可以通过建立线上和线下的平台，拓宽辅导员相互交流学习的渠道。线上可以建立和运营辅导员专门的网站和数据库，共享丰富的资源，达到共同进步的目的，线上平台取得成功的关键在于运营和管理。因此，要保证线上平台信息：一是"广"，即信息尽可能地全面；二是"精"，即信息的针对性和高质量；三是"快"，即信息的及时有效性；另一方面，线下要积极筹备高校范围内的、地区范围内的辅导员职业技能大赛、辅导员论坛、"优秀辅导员"评选等活动，促进辅导员相互合作交流的同时，激励辅导员快速成长。

综上所述，无论是成立辅导员研究协会，还是搭建合作交流的平台，主要的、深层的目的是发展辅导员职业文化，凸显专属于辅导员的文化特质，进而增强辅导员的归属感和认同感，形成辅导员群体的强大内驱力。

二、完善辅导员管理机制

（一）优化辅导员管理结构

国家要通过宏观层面的政策调整，对高校学生工作队伍进行分工结构的优化，给出分解具体角色任务的指导性意见。辅导员角色职责是否明确直接影响其任职条件、工作方式、角色认同等方面内容。其关系着全国高校辅导员队伍的建设和职业发展问题，也是亟待有效解决的瓶颈问题。虽然高校辅导员在实际工作生活中所享受到的待遇、社会地位一般，但是社会各界却给予了他们很高的期望，而辅导员自身的能力又是非常有限的，他们所能够承受的责任与社会要求他们所要承担的角色尚有一定差距。对于学生及学生的家长而言，他们就是传承思想政治教育的桥梁，但是不可否认的是，很多时候，辅导员也被有意无意地当成"奶妈""保姆"，甚至被认为应该是全能的，并以此作为衡量一个辅导员是否履行自己职责，是不是一个合格的辅导员的标准。显然，这样的评判方法是不科学的，是不公平的。除此之外，过多的考核评判考核指标，如就业违约率、违纪率等也常常被看作辅导员没有切实履行自身的职责、没有认真做好自身的本职工作。在理想与现实中，辅导员难免左右失衡，不知道要何去何从，加之其隐性的、模糊的工作成效无法被量化；面对学校的高标准严要求，辅导员承担着较大的工作压力；学生在行为和思想任何方面出现的问题仿佛都是辅导员之过。面对这一现状，需要特别强化动员、宣传工作，让广大高校大学生、家长、社会大众能够深刻体会辅导员工作的重要性，能够以更理性的态度对待高校辅导员的工作。

（二）开展职业规划

1. 培养专门人才

高校应着手开设辅导员培训的相关课程，培养具有专业知识与能力的辅导员。由于我国没有专门的辅导员课程，可以参照国外的课程设置，并与我国的实际情况相联系。我国高校一定会开展思想政治教育类的课程，可以将这类课程与思想政治教育相结合，开展思想政治教育、心理教育等。通过这些课程的设置可以实现辅导员的专业化建设。在没有培养出这样的专门人才之前，高校可以选择具有一定实践经验或者接受过类似教育的人来担任高校的辅导员，再结合高校的实际情况，进一步确定高校辅导员的数量与结构。

2. 设立辅导员专业职称

高校辅导员的薪资待遇水平与专门的任课教师之间存在很大差异。就目前的发展情况来看，应该将辅导员职务评定作为一个专门的标准，纳入学校教师职务评定的体制之中。学生工作部门可以根据辅导员的工作性质，将思想政治教育职务单独罗列出来，形成指标，设置相应的职称与职务。这样一来，高校的辅导员就有了发展的空间与晋升的平台，可以进一步激发辅导员的工作热情，促进高校辅导员工作的职业化与规范化。

3. 设立专门的辅导员工作机构

高校辅导员的工作职责不应该是包揽所有的工作，而应该是有明确的职责划分，更不应让高校辅导员受到多层的管理，而是要建立专门的辅导员工作机构，使其工作具有一定的安全感，这样才更有利于工作的顺利进行。

4. 建立一整套的制度规范

完善相关的体制规范，建立一套完整的制度规范。不管是在选聘、培训、考核、晋升、激励，还是在保障制度方面，都应该有一定的制度规范，这样有利于对高校辅导员进行统一管理，规范人才流动的体系。

（三）完善辅导员选聘机制

高校辅导员的选聘工作是作为开启辅导员工作生涯的重要一步，选择合适的人才成为高校辅导员队伍中的一分子就显得尤为重要。辅导员的主要工作是对高校大学生进行思想政治教育，需要一定的学历、实践能力、相关经验等。这样挑选出来的人才会更好地完成高校的辅导员工作。

很多没有接受过系统培训的新辅导员，只能是边工作边摸索，不利于辅导员工作的顺利开展。因此，建立严格的选聘制度是非常有必要的。遵循相关的原则，按照规定标准进行招聘，还可以鼓励高校专业课程的任课教师来从事兼职辅导员工作。专业课程的任课教师与学生接触的时间较长，不仅具备丰富的教学经验，还具备一定的学生基础，可以利用课上与课下的时间完成对学生的教育。选聘辅导员一定要注重规范与科学，尽量兼顾年龄结构、知识体系、实践经验、性别比例、数量结构的合理性，最大限度地优化高校辅导员的队伍，提升辅导员队伍的职业化水平。

（四）健全管理和保障制度

众所周知，辅导员工资的构成包括基本工资和岗位津贴等。大部分辅导员都希望自己的福利待遇能够得到提升，因此完善相关的激励机制，可以增强他们的职业认同感与归属感。高校不仅要保障他们培训与进修的权利，而且要保障他们在晋升方面的机会公平，不断增强他们的职业认同感。

高校应该充分认可辅导员的相关工作，适当增加他们的岗位津贴，在生活中给予适当的关心。这有利于激发高校辅导员工作的积极性与主动性，使他们在工作中得到满足，增强归属感，产生想要长期从事这项工作的兴趣，不断增强自身的实力，不断推进辅导员职业化的进程。

（五）制定科学合理的考核制度

辅导员的工作性质就决定了辅导员工作的特点。这份工作不仅消耗辅导员的工作精力，还会给他们带来很大的精神压力。这样的工作能不能得到一定的认可，会直接影响高校辅导员工作的热情，高校需要对此加强注意，制订科学合理的考核制度，保障辅导员的相关权益。为了确保高校辅导员的相关权益，应根据高校辅导员的工作特点、工作范围、工作性质，制订相对科学合理的考核制度，建立健全的相关的考核指标。制订之后，要严格切实贯彻。也就是说要在辅导员全面工作的领导评价体系、同事评价体系、学生评价体系、自我评价体系之上建立综合考核机制。

（六）明确辅导员岗位职责

近年来，随着我国高校的扩招，学生人数也急剧增加，学生工作几乎覆盖校园里的各个角落，无形中进一步加大了辅导员的工作压力。因此科学地界定高校辅导员的职责边际，使其认清自己的角色、岗位职责和职能发挥，就显得尤为重要。明确辅导员的工作职责需要高校和院系的共同努力，创造性地做好以下几个方面。

一是高校和院系应在以思想政治教育为核心，学生的发展为主导，学生事务管理为基础的理论为指导上，制订详细的辅导员工作说明。应当阐述其本职工作的内容和行为规范，工作的时间，以及指导辅导员工作需要具备的相关技能和知识等，进而使辅导员工作有章可循。

二是高校应该成立专门的学生事务管理部门，以便于划清各职能部门和相关人员的责任，切实贯彻明确工作职责和工作程序，这样可以减轻辅导员的事务性工作负担。举个例子，寝室卫生检查工作可以由专门的公寓卫生委员会执行，其成员可以由学生组成。而在类似工作中，辅导员则作为学生权益的保护者和教育引导者参与。这样有利于为辅导员减负，真正有时间和空间来扮演好"思想政治教育的引导者"角色。

三是高校和院系领导部门应该允许辅导员在其工作范围内，拥有相对自主独立的话语权和处理事务的权利。在不违反相关规章的前提下，尽可能地减少对辅导员创造性劳动和工作的干预，尊重辅导员对自己分内工作的统筹规划。

三、提升辅导员职业素养

(一)高校辅导员职业素养提升的意义

辅导员对自身职位的认识，如责任、义务等方面，都会影响其是否能够在工作中充分发挥自身的角色作用，对以上因素的认知水平直接制约着其在岗位中做什么，应该做些什么及怎么去做。客观上说，只有强化自身的角色意识，才能全面走出职位的困惑，只有这样才能及时纠正认知上的偏差，从而形成主动学习、强化工作的理念。同时要求辅导员在日常的工作中，要按照《高等学校辅导员职业能力标准（暂行）》中的相关规定，严格要求自己，充分发挥榜样的作用，积极向优秀辅导员、年度人物学习。通过不断地自我提升及参加各种培训，让自己获得更多的理论知识，优化知识结构，不断提高自身的职业素养。辅导员要使自己具备过硬的政治觉悟，良好的职业修养和道德品质，强化自身的管理能力、协调能力，力求各方面都能够尽善尽美地表现自己，促进自身的全面发展。除此之外，要求辅导员在日常的工作中还要真正地从知识、心理、行为、认知等各方面入手，做好自我调适，全面提升自我适应能力、心理素质和健康水平，同时树立正确的世界观、人生观和价值观，积极调适辅导员的心理状态，形成与辅导员身份相适应的健全的人格。时刻保持清醒的头脑、遵守相关的规定、言行一致、充分发挥榜样的作用，可以说这是对于广大辅导员最为基本的素质要求。总之，只有全面促进自身的发展，才能缓解角色困惑，才能使自己在工作中充分发挥优势。

(二)高校辅导员职业素养提升的原则

1. 政治第一原则

高校辅导员职业素养的提升坚持政治第一原则，就是在他们职业素养提升的过程中始终坚持把政治意识摆在首位。这不仅是党和政府对高校辅导员的要求，也是高校辅导员完成工作职责和培养合格人才的要求。高校辅导员职业素养的四个维度中，职业意识本质上就是政治意识，这是职业素养体系的灵魂。所以，在提升高校辅导员的职业素养过程中，务必始终坚持政治第一原则。

2. 以人为本原则

高校辅导员职业素养的提升坚持以人为本的原则，就是要在提升他们的职业素养的进程中，把自身和高校大学生个体这两者的利益作为根本立足点和出发点。这是作为高校辅导员职业素养提升主体的高校辅导员的根本要求和内在诉求，也是培养德才兼备、全面发展的高校大学生的迫切需要和现实需求。

3. 实践锤炼原则

高校辅导员职业素养提升要坚持实践锤炼的原则，就是在提升他们的职业素养的过程中，要以实实在在的实践行动为基础，一切从实际出发，理论联系实际，在实践中检验提升的措施和体系，从而不断优化和完善提升的措施和体系。高校辅导员的职业素养提升是一个持续变化发展的动态体系，不可能一蹴而就，需要日积月累、持之以恒、久久为功。

4. 系统提升原则

在高校辅导员职业素养的提升过程中，如果只提升职业知识，不谈提升职业意识，那么其提升过程就像缺失雷达的飞机一样迷失方向；如果只提升职业能力，不谈提升职业道德，那么其提升过程就像强兵失帅一样"兵败如山倒"。因此，不能只选择其中一样或几样进行提升，而是要把握每一维度之间的关系和联系。

（三）高校辅导员职业素养提升的途径

1. 提高辅导员职业意识的政治站位

职业意识体现的是党和政府对高校辅导员角色定位的本质要求，也是高校辅导员的工作职责和发展要求，更是高校大学生发展和成长的现实需要。要提升高校辅导员职业素养，就必须遵循政治第一原则、以人为本原则、实践锻炼原则、系统提升原则，首要的是提高高校辅导员职业意识的政治站位。

2. 加强辅导员职业道德的内涵建设

在高校辅导员职业素养的结构模型中，可以发现，职业道德是辅导员职业素养的重要组成部分，它是辅导员修身立业、价值追求和工作态度的集中体现，是这一群体可持续发展和高校大学生健康成长的重要条件。要提升辅导员职业素养，在遵循政治第一、以人为本、实践锻炼、系统提升等原则的基础上，加强辅导员职业道德的内涵建设就显得尤为重要和关键。

3. 提升辅导员职业能力和职业知识的层次水平

基于辅导员职业素养的结构模型，高校辅导员职业能力是这一群体完成立德树人根本任务的关键能力；是这一群体工作内容的本质需要，集中反映了这一群体的职责所在；是高校辅导员和高校大学生职业发展的本质需要。高校辅导员职业知识是知识和文化积累、传承及创新的源泉和基础，是高校辅导员把握教育教学规律、学生成长规律的保障，是促进高校辅导员和高校大学生全面发展的基础力量。要提升高校辅导员职业素养，在遵循政治第一、以人为本、实践锻炼、系统提升等原则的基础上，提升辅导员职业能力和职业知识的层次水平是基础保障。

四、健全激励机制

高校辅导员队伍的激励机制可以分为四个部分。

（一）角色激励

高校每位辅导员要有高度的责任感和使命感，明确自己的角色定位，尽职尽责。根据责任的轻重，研究辅导员队伍不同岗位的工作量计算标准，给予津贴，并加大表彰、激励力度，推进切实贯彻思想政治工作的动力层层提升。

（二）目标激励

把制定的思想政治工作目标分为长期和短期目标，根据完成每个阶段目标的实际情况进行绩效考核，分阶段、分内容地进行公开评判，对完成情况好的辅导员进行嘉奖，以激发队伍成员的工作动力。

（三）典型激励

在高校中树立学习榜样，表彰先进，营造辅导员队伍崇尚先进、学习先进、争当先进的氛围。高校应该重点发掘辅导员的闪光事迹，对有培养潜质的先进典型随时上报。高校还可以开展优秀教育成果奖评选活动，形成自下而上推荐和自上而下挖掘的主要手段。

（四）物质激励与精神激励相结合

对思想政治工作上有突出贡献的辅导员及时给予物质奖励，并与精神激励结合起来，使表彰激励作用有效发挥。

第一，高校要完善各种与辅导员队伍密切相关的工作机制，如津贴制度、岗位聘任、职称评聘等。

第二，在完善基本的工作机制的同时，在表彰大会、校报、媒体等方面宣传先进事迹，激发辅导员争先创优的积极性。

五、保障辅导员物质利益

对人们而言，辅导员工作最基本的还是获得实物或报酬的一种手段。因此，辅导员的物质利益是不可回避的话题，这也是促使辅导员现代转型的物质基础。可以从以下几个方面保障辅导员的物质利益。

（一）健全辅导员物质保障机制

马斯洛认为，人的需要区分为五个层次，处于最底层的需要是生理需要，即由生理需求决定的需要，如对食物、住宿、睡眠的需要。在工作中，生理需要通常被转化为对更多金钱的需求和期待。因此，提高辅导员的物质待遇，改善辅导员的经济状况是辅导员实现现代转型的物质基础。

提高辅导员的物质待遇可以从几个方面入手：①在工资待遇上，要以教师的身份，按照他们被聘的专业技术职务确定他们的工资标准，即辅导员的工资与本校其他教师的同一专业技术职务的工资相同；②实行"以薪代职"，行政岗位有限，行政职级上不去，但是薪水酬劳可以上涨。对于优秀的高校辅导员，由于某些原因行政职级可以暂时不予评定，但是要匹配相应的薪资酬劳；③对于高校辅导员承担的相关课程的教学工作，予以课时补贴。

（二）建立合理的流动和退出机制

高校辅导员的"双线晋升"是比较合理的，也将是我国将会长期坚持的机制。"双线晋升"机制提高了高校辅导员的工作热情，留住了富有经验的辅导员，从而有利于形成高校辅导员合理的"老中青"队伍结构。同时，也有利于高校辅导员由单纯管理者向教学、服务、研究"三位一体"复合角色转换。

但是，这一机制在实际运行过程中效果并不显著。高校辅导员晋升缓慢，整体专业化水平较低，这主要是晋升渠道狭窄所导致的。由于行政管理岗位是有限的，且行政职位的设置都是"金字塔"形的，级别越高难度越大。建立合理的流动和退出机制有利于破除这一困境。对于优秀的高校辅导员要予以表彰并大胆提拔使用；对于不符合要求的、表现不好的辅导员要及时调整或者清退，鼓励良性竞争，保持队伍的活力。此外，对于违反有关规定和条例的辅导员可以取消或者推迟其申请晋升资格。如某大学规定，受记过以上处分者，延迟2年以上申报。受处分期间，不能申报。

（三）成立专门职务聘任委员会

辅导员职务聘任委员会的主要任务就是，负责结合各校实际，制订辅导员评聘教师职务的具体条件，负责本校专职辅导员专业技术职务聘任工作。在评聘过程中要注意两点：

第一点，突出学生工作的重要性，尤其是对于新入职的辅导员应该侧重于工作考察；第二点，坚持教学表现、科研能力和学生工作业绩相结合的原则，协调好三个因素在考核评定中的比例，统筹兼顾到不同年龄、各有特长的辅导员。客观来说，高校辅导员的科研能力和精力是无法与专业教师相竞争的，所以相对难以达到职称评定的指标要求。这无形中缩窄了高校辅导员的晋升通道。成立高校专门职务聘任委员会的目的，就是将辅导员与专业教师的职称聘任区分开来，以保障高校辅导员晋升渠道的畅通，从而保障辅导员的物质利益。

六、开展辅导员职业培训

针对目前高校辅导员，尤其是年轻辅导员专业功底薄弱、业务水平不高等现状，开展有针对性、实践性、系统性的辅导员培训是一分必要且有重大意义的。中共中央、教育部每 5 年做一次普通高等学校辅导员培训规划，旨在提高辅导员培训质量，推进辅导员队伍建设。培训是提高辅导员思想政治素质、职业素养、业务水平的有效举措，是增强教育效果行之有效的主要手段。

（一）开展职业培训的原则

高校思想政治教育的多种培训包含讲座、报告、工作坊、沙龙、训练营等形式。有效的培训可以帮助刚加入工作队伍的新人迅速成长，也可以帮助一些有工作经验的工作者调整工作思路、丰富工作手段。在开展多方面培训的时候需要遵循三个原则。

（1）针对性原则。一些高校确实组织了许多培训，但事实上效果不佳。许多辅导员老师、思想政治理论课老师将其视为工作任务来应付，不但没有帮助其成长，反而浪费了大量人力、物力、财力。针对性原则就要求组织部门在组织培训时应该结合工作实际、考虑时代热点，针对当前高校辅导员最薄弱的环节、最缺乏的技能去组织培训；针对当下最热的思想政治教育内容去组织培训；针对高校大学生群体最突出的问题去组织培训。这样才能将培训落到实处，确切地帮助高校辅导员成长。

（2）实践性原则。实践是检验真理的唯一标准。人的思维是否具有客观的真理性，这是一个实践问题，而不是理论疑难问题。培训也是如此。思想政治教育是一个操作性和实践性很强的工作，聆听别人的讲座报告难免有些"纸上谈兵"。因此，要多一些如训练营等能够让受培训者参与其中的方式，少一些大会报告的形式，这样高校辅导员才能更好地在实践中去反思自己过去的工作方法，寻找更好的方法。

（3）系统性原则。任何一项工作都是系统工程，应该去循序渐进地、由此及彼地培养高校辅导员的能力。培训如果多而杂，不仅没有效果，反而会加重高校辅导员的工作负担，因为这是他们必须要完成的上级下发的任务。因此，在有针对性地选择培训之后，还要注重培训整体的系统性，要让多种培训由点串成线，达到更好的效果。

（二）建立双向统筹的培训机制

培训部门要充分履行辅导员系统培训的牵头抓总的职能，践行集体调训与个体培训的双向统筹培训规划。一方面，要充分做好基层参加培训辅导员的信息征集工作，做出有预见性的培训指导思路，在培训周期、培训班次、培训内容和人员集中选择上做好妥善的统筹分配工作，强化宏观管理，规范双向统筹标准，严格计划执行；另一方面，要允许学院及辅导员本人以正当理由适当选择参训班次、时间、形式等，让被培训部门及个人有一定的自主空间。要实行辅导员个体自我需求与社会集体发展、工作实际需要相结合的培训机制。

（三）更新现代科技的培训方法

引入现代科技手段。不仅包含设备层面的更新换代，主要涵盖培训时间、培训空间、培训形式等多层次的培训方式的更新。一方面，充分发挥新时代科学文明与通用技术的功效，结合网络传输、多媒体设备、远程监控、电化教学等通用的新方式方法，最大限度地突破时间、空间对于辅导员培训教育带来的局限，有效地解决在职辅导员工作与求学心理的冲突矛盾；另一方面，在现有专题讲座、名师演讲等教学模式基础上，更新培训方式，引入个案分析、场景模拟、小组讨论等新颖途径，丰富授课形式，着重结合辅导员工作生活中的实际情况，进行有针对性的分析与研讨，把传教解惑、自思自省、互动互助等行为引入课堂，充分提升辅导员老师的积极参与度与灵活创造力，达到更切实地为学生服务的效果。

（四）辅导员定向式培训

面对目前高校辅导员专业背景多元化的现实，为充分发挥辅导员自身的学科优势及个人特长，在辅导员培训中除了要坚持针对性、实践性、系统性原则，还可以创新培训形式，进行辅导员定向培训。辅导员培训中的定向式培训是指根据每个人的学科背景或者技术特长的不同，先选择辅导员职能体系中的某一项或者某几项进行深入培训，以取得在该领域的专家地位。也就是说，先将辅导员按照"一字型"人才培养，而后在此基础上，逐步拓宽其专长领域，转变为"十字型"人才。

举个例子，一位高校辅导员是心理学学科出身，自身对心理学也有一定的兴趣和专长，那么就可以先让其进行心理健康教育与咨询模块的深入培训，帮助其迅速在心理健康教育与咨询领域成长为专家。一般的培训可能安排比较紧凑，种类较多，要在短时间内接受职业生涯规划、心理健康教育、高校大学生党建工作等多方面的培训，受训者的接受效果难以保证。由此，辅导员定向式培训既是当前辅导员学科背景多元化的合理选择，还可以在较短时间内帮助辅导员成为某个领域内的专家，促进辅导员之间的相互交流和相互学习。

七、优化辅导员转型环境

自古以来，人才资源一直是各个行业争抢博弈的主要资源之一，确立"人才本位"的培训理念是确保工作行业发展的第一要义。重视人才资源、加强人才的内生（内部培训）与外引（扩大招聘）是市场竞争的迫切要求。"人才本位"的培训理念，不是简单的基础知识填鸭式灌输、短期单一技能的文本培训，而是要求辅导员培训组织构建一个长期的、有效的培训体系，以促进辅导员队伍向"专家型""思想型""管理型"转变，切实提高其领导学生队伍的能力水平。

高校辅导员的现代转型需要良好的外部环境作为保障，这里主要包括社会认可和社会制度保障。社会认可程度反映了社会对辅导员的存在和价值的赞同和尊重程度。良好的社会认同可以给予辅导员不竭的动力；反之，辅导员则会变得消极、沮丧，丧失转型的动力。完善的社会制度为辅导员现代转型提供了政策依据，保证辅导员的转型方向。

（一）提高社会认可程度

社会认可是高校辅导员的社会维度，要探讨的是社会是否需要辅导员以及社会如何看待高校辅导员的问题。对于前者是可以做出肯定回答的。纵观古今中外，思想政治教育虽然有称呼上的不同和表现形式上的差异，但是思想政治教育作为一种普遍现象，是真实存在的，那么从事相关工作的人员也理应有存在的价值；对于后一问题，应该说高校辅导员的社会地位还不是很高，人们提到高校辅导员往往会联想到"孩子王"等形象，这一群体还未得到人们的高度尊重。为提高高校辅导员的社会认可度，为其职业化成长、专业化发展和专家化成才创建良好的外部环境，可以从以下几个方面入手。

其一，广泛开展正名活动，可以用"思想政治辅导教师"统一代替"辅导员"。辅导员制度从1952年筹备开始，名称经历了1953年蒋南翔校长率先实施的"双肩挑"的政治辅导员，到后来的"思想政治辅导员"，再到如今大家比较熟悉的"辅导员"。称呼的变化不仅是社会发展和变迁的结果，更是蕴含了其工作内容的变化。工作内容由原来的政治工作、思想工作慢慢增加，演变成现在这般"无所不包"的工作。"辅导员"的"员"具有员工、成员的意思，这就使人们容易在字面理解上将辅导员归纳为高校行政人员、工作人员，而忽视辅导员的教师身份。更名活动有利于破除这种刻板印象，提高社会对高校辅导员的认同。国内有些高校已经走在了改革的前沿，如某大学已经进行改革，在相关招聘公告及报道中，已用"思想政治教师"取代原先的"辅导员"称呼。

其二，将职业分类大典中"高等教育教师"小类细分为若干细类，并将高校辅导员纳入其中。根据《中华人民共和国职业分类大典（2015年版）》，辅导员并没有被单列为一个独立的职业，而只是将辅导员作为高等教育教师的一个职能。但是，如前文所说，辅导员已经符合了职业的五大特征，而且这也是辅导员职业化发展的必然要求。因此，可以将高校辅导员纳入高等教育教师下属细类之中，将"高等教育教师"细分为"高校专业教育教师"和"思想政治辅导教师"两个职业，将有利于切实贯彻辅导员的教师身份，提高辅导员社会认可，促进其成功转型。

（二）加强社会制度建设

加强社会制度建设主要通过法律和规定的颁布，细化辅导员发展的具体方法和制度，使得辅导员发展趋于制度化、规范化、科学化。加强社会制度保障包括两个层面，即强化国家层面的制度完善和鼓励地区或者高校的制度完善。

从高校和地方层面来看，需要不断丰富相关的制度和规定。例如，某大学出台了《辅导员队伍建设实施意见》，其中第五章关乎成长与发展，为完成培养期的辅导员提供了攻读博士研究生、公派出国留学、转向专职思想政治教师等多个发展路径。虽然许多举措还处于实验阶段，但是高校辅导员发展的理念必须提前确立，因为理念是行动的指南，对行动具有指导作用。从国家层面来看，进入 21 世纪以来，中共中央、国务院及教育部先后印发了 16 号文件、24 号令、《高等学校辅导员职业能力标准（暂行）》《普通高等学校辅导员培训规划(2013—2017 年)》等一系列指导性文件，为辅导员的发展提供了政策上的指导。在此基础上，国家还可针对当下备受关注的辅导员职称评聘、晋升等问题出台相关文件和规定，并适时地将某些规定纳入法律法规中，为辅导员的现代转型提供更加完备的制度保障。此外，还应将高校辅导员制度建设纳入社会制度建设的体系，以社会制度建设带动思想政治教育体制的建设，使之系统化和规范化，从而为高校辅导员的现代转型提供制度支持。

第七章 高校大学生思想政治工作创新研究

随着时代的发展，当代大学生的思想政治教育工作方式也需要与时俱进，同时大学生作为社会主义现代化建设的接班人，由于国际竞争的加剧，社会对新时代大学生的要求也在逐步提高，因此，对创新高校思想政治教育工作的研究提出了新的客观要求。

第一节 加强大学生思想政治素质

一、加强和改进大学生思想政治教育是一项重大而紧迫的战略任务

（1）大学生是十分宝贵的人才资源，是民族的希望，是祖国的未来。加强和改进大学生思想政治教育，提高他们的思想政治素质，把他们培养成中国特色社会主义事业的建设者和接班人，对于全面实施科教兴国和人才强国战略，确保我国在激烈的国际竞争中始终立于不败之地，加快推进社会主义现代化的宏伟目标，确保中国特色社会主义事业兴旺发达、后继有人，具有重大而深远的战略意义。

（2）各地区各部门和高等学校认真贯彻落实中央要求，加强和改进思想政治教育工作，在培养高素质人才、推动高等教育改革发展、维护学校和社会稳定等方面发挥了重要作用。当代大学生思想政治状况的主流是积极、健康、向上。他们热爱党、热爱祖国、热爱社会主义，坚决拥护党的路线方针政策，对坚持走中国特色社会主义道路充满信心。

（3）国际国内形势的深刻变化，使大学生思想政治教育既面临有利条件，又面临严峻挑战。国际敌对势力与我国争夺下一代的斗争更加尖锐复杂，大学生面临着大量西方文化思潮和价值观念的冲击，某些腐朽没落的生活方式对大学生的影响不可低估。随着对外开放不断扩大、社会主义市场经济的深入发展，我国社会的经济成分、组织形式、就业方式、利益关系和分配方式日益多样化，人们思想活动的独立性、选择性、多变性和差异性

日益增强。这有利于大学生树立自强意识、创新意识、成才意识、创业意识，但同时也带来一些不容忽视的负面影响。一些大学生不同程度地存在政治信仰迷茫、理想信念模糊、价值取向扭曲、诚信意识淡薄、社会责任感缺乏、艰苦奋斗精神淡化、团结协作观念较差、心理素质欠佳等问题。

（4）面对新形势、新情况，大学生的思想政治教育工作还不够适应，存在不少薄弱环节。一些地方、部门和学校的领导对大学生思想政治教育工作重视不够，应对方法也不多。全社会关心支持大学生思想政治教育的合力尚未形成。学校思想政治理论课实效性不强，哲学、社会科学一些学科教材建设滞后，思想政治教育与大学生思想实际结合不够紧密，少数学校没有把大学生的思想政治教育摆在首位，也没有贯穿教育教学的全过程。学生管理工作与形势发展要求不相适应，思想政治教育工作队伍建设亟待加强，少数教师不能做到教书育人、为人师表。因此，加强和改进大学生思想政治教育是一项极为紧迫的重要任务。

二、加强和改进大学生思想政治教育的指导思想和基本原则

（一）加强和改进大学生思想政治教育的指导思想

坚持以马克思列宁主义、毛泽东思想、邓小平理论和"三个代表"重要思想、科学发展观、习近平新时代中国特色社会主义思想为指导，深入贯彻党的十九大精神，全面落实党的教育方针，紧密结合全面建成小康社会的实际，以理想信念教育为核心，以爱国主义教育为重点，以思想道德建设为基础，以大学生全面发展为目标，解放思想、实事求是、与时俱进，坚持以人为本，贴近实际、贴近生活、贴近学生，努力提高思想政治教育的针对性、实效性和吸引力、感染力，培养德智体美劳全面发展的社会主义合格建设者和可靠接班人。

（二）加强和改进大学生思想政治教育的基本原则

（1）坚持教书与育人相结合。学校教育要坚持育人为本、德育为先，把人才培养作为根本任务，把思想政治教育摆在首要位置。

（2）坚持教育与自我教育相结合。既要充分发挥学校教师、党团组织的教育引导作用，又要充分调动大学生的积极性和主动性，引导他们自我教育、自我管理、自我服务。

（3）坚持政治理论教育与社会实践相结合。既重视课堂教育，又注重引导大学生深入社会、了解社会、服务社会。

（4）坚持解决思想问题与解决实际问题相结合。既讲道理又办实事，既以理服人又以情感服人，增强思想政治教育的实际效果。

（5）坚持教育与管理相结合。把思想政治教育融于学校管理之中，建立长效工作机制，使自律与他律、激励与约束有机地结合起来，有效地引导大学生的思想和行为。

（6）坚持继承优良传统与改进创新相结合。在继承党的思想政治工作优良传统的基础

上，积极探索新形势下大学生思想政治教育的新途径、新办法，努力体现时代性，把握规律性，富于创造性，增强实效性。

三、加强和改进大学生思想政治教育的主要任务

（1）以理想信念教育为核心，深入进行树立正确的世界观、人生观和价值观教育。要坚持不懈地用马克思列宁主义、毛泽东思想、邓小平理论、"三个代表"重要思想、科学发展观、习近平新时代中国特色社会主义思想来武装大学生，深入开展党的基本理论、基本路线、基本方略教育，开展中国革命、建设和改革开放的历史教育，开展基本国情和形势政策教育，学习贯彻习近平新时代中国特色社会主义思想教育，使大学生正确认识社会发展规律，认识国家的前途命运，认识自己的社会责任，确立在中国共产党领导下走中国特色社会主义道路，以及实现中华民族伟大复兴的共同理想和坚定信念。同时，要积极引导大学生不断追求更高的目标，使他们中的先进分子树立共产主义的远大理想，并确立马克思主义的坚定信念。

（2）以爱国主义教育为重点，深入进行弘扬和培育民族精神教育。深入开展中华民族优良传统和中国革命传统教育，开展各民族平等团结教育，培养团结统一、爱好和平、勤劳勇敢、自强不息的精神，树立民族自尊心、自信心和自豪感。要把民族精神教育与以改革创新为核心的时代精神教育结合起来，引导大学生在中国特色社会主义事业的伟大实践中、在时代和社会的发展进步中汲取营养，培养爱国情怀、改革精神和创新能力，始终保持艰苦奋斗的作风和昂扬向上的精神状态。

（3）以基本道德规范为基础，深入进行公民道德教育。要认真贯彻《公民道德建设实施纲要》，以为人民服务为核心、以集体主义为原则、以诚实守信为重点，广泛开展社会公德、职业道德和家庭美德教育，引导大学生自觉遵守爱国守法、明礼诚信、团结友善、勤俭自强、敬业奉献的基本道德规范。坚持知行统一，积极开展道德实践活动，把道德实践活动融入大学生学习生活之中。修订完善大学生行为准则，引导大学生从身边的事情做起，从具体的事情做起，着力培养良好的道德品质和文明行为。

（4）以大学生全面发展为目标，深入进行素质教育。加强民主法制教育，增强遵纪守法观念。加强人文素质教育和科学精神教育，加强集体主义和团结合作精神教育，促进大学生思想道德素质、科学文化素质和健康素质协调发展，引导大学生勤于学习、善于创造、甘于奉献，成为有理想、有道德、有文化、有纪律的社会主义新人。

四、努力拓展新形势下大学生思想政治教育的有效途径

（一）深入开展社会实践

社会实践是大学生思想政治教育的重要环节，对于促进大学生了解社会、了解国情，

增长才干、奉献社会、锻炼毅力、培养品格、增强社会责任感具有不可替代的作用。要建立大学生社会实践保障体系，探索实践育人的长效机制，引导大学生走出校门，到基层去，到工农群众中去。高等学校要把社会实践纳入学校教育教学总体规划和教学大纲，规定学时和学分，并提供必要经费。积极探索和建立社会实践与专业学习相结合、与服务社会相结合、与勤工助学相结合、与择业就业相结合、与创新创业相结合的管理体制，增强社会实践活动的效果，培养大学生的劳动观念和职业道德。要认真组织大学生参加军政训练。利用好寒暑假，开展形式多样的社会实践活动。积极组织大学生参加社会调查、生产劳动、志愿服务、公益活动、科技发明和勤工助学等社会实践活动。重视社会实践基地建设，不断丰富社会实践的内容和形式，提高社会实践的质量和效果，使大学生在社会实践活动中受教育、长才干、做贡献，增强他们的社会责任感。

（二）大力建设校园文化

校园文化具有重要的育人功能，所以要建设体现社会主义特点、时代特征和学校特色的校园文化，形成优良的校风、教风和学风。大力加强大学生文化素质教育，开展丰富多彩、积极向上的学术、科技、体育、艺术和娱乐活动，把德育与智育、体育、美育有机结合起来，寓教育于文化活动之中。要善于结合传统节庆日、重大事件，比如开学典礼、毕业典礼等，开展特色鲜明、吸引力强的主题教育。重视校园人文环境和自然环境建设，完善校园文化活动设施，建设好大学生活动中心。加强校报、校刊、校内广播电视和学校出版社的建设，加强哲学社会科学研讨会、报告会、讲座的管理，绝不给错误观点和言论提供传播渠道，坚决抵制各种有害文化和腐朽生活方式对大学生的侵蚀和影响，禁止在学校传播宗教。

（三）主动占领网络思想政治教育新阵地

要全面加强校园网的建设，使网络成为弘扬主旋律、开展思想政治教育的重要手段。要利用校园网为大学生学习、生活提供服务，对大学生进行教育和引导，不断拓展大学生思想政治教育的渠道和空间。要建设好融思想性、知识性、趣味性、服务性于一体的主题教育网站和网页，积极开展生动活泼的网络思想政治教育活动，形成网上网下思想政治教育的合力。要密切关注网上动态，了解大学生思想状况，加强同大学生的沟通与交流，及时回答和解决大学生提出的问题。要运用技术、行政和法律手段，加强对校园网的管理，严防各种有害信息在网络上传播。加强网络思想政治教育队伍建设，形成网络思想政治教育工作体系，牢牢把握网络思想政治教育的主动权。

（四）开展深入细致的思想政治工作和心理健康教育

要结合大学生实际，广泛深入开展谈心活动，有针对性地帮助大学生处理好学习成才、择业交友、健康生活等方面的具体问题，提高思想认识和精神境界。要重视心理健康教育，根据大学生的身心发展特点和教育规律，注重培养大学生良好的心理品质和自尊、自爱、自律、自强的优良品格，增强大学生克服困难、经受考验、承受挫折的能力。要制定大学生心理健康教育计划，确定相应的教育内容、教育方法。要建立健全心理健康教育用于咨询的专门机构，配备足够数量的专兼职心理健康教育教师，积极开展大学生心理健康教育和心理咨询辅导，引导大学生健康成长。

（五）努力解决大学生的实际问题

思想政治教育既要教育人、引导人，又要关心人、帮助人。高等学校要从严治教，加强管理，改善办学条件，提高教育教学质量，为大学生成长成才创造条件。要加强对经济困难大学生的资助工作，以政府投入为主，多方筹措资金，不断完善资助政策和措施，形成以国家助学贷款为主体，包括助学奖学金、勤工助学基金、特殊困难补助和学费减免在内的助学体系，以此帮助经济困难大学生完成学业。要帮助大学生树立正确的就业观念，引导毕业生到基层、到西部、到祖国最需要的地方建功立业。要进一步建立健全大学生就业指导机构和就业信息服务系统，提供高效优质的就业创业服务。通过服务育人、管理育人，把党和政府对大学生的关怀落到实处。

五、努力营造大学生思想政治教育工作的良好社会环境

（一）全社会都要关心大学生的健康成长，支持大学生思想政治教育工作

新闻、出版等方面要坚持弘扬主旋律，为大学生思想政治教育营造良好的社会舆论氛围，为大学生提供丰富的精神食粮。要坚持团结稳定鼓劲、正面宣传为主，反映高等学校思想政治教育工作的先进典型和优秀大学生的先进事迹。各类网站要牢牢把握正确导向，主动承担社会责任，积极开发教育资源，开展形式多样的网络思想政治教育活动。重点新闻网站还要不断改进创新，切实增强吸引力和感染力，在大学生思想政治教育活动中发挥导向作用。要大力发展文化事业和文化产业，为学生提供更多更好的文化产品和文化服务。文化部门和艺术团体要进一步推进高雅文化进校园活动，丰富校园文化生活，提高学生的艺术修养。充分发挥爱国主义教育基地对大学生的教育作用，各类博物馆、纪念馆、展览馆、烈士陵园等爱国主义教育基地，对大学生集体参观应一律实行免票。各级政府和企事业单位要鼓励和支持面向大学生的公益性文化活动。坚持不懈地开展"扫黄""打非"活动，依法加强对各类网站的管理，净化文化市场和网络环境。

（二）各级党委和政府要为高等学校创建良好的育人环境

要把优化校园周边环境作为推进社会主义精神文明建设的重要任务，结合城市改造和

社区建设搞好规划，加强综合治理。要依法加强对学校周边的文化、娱乐、商业经营活动的管理，坚决取缔干扰学校正常教学、生活秩序的经营性娱乐活动场所，严厉打击各种刑事犯罪活动，及时处理侵害学生合法权益、身心健康的事件和影响学校、社会稳定的事端。要为大学生专业实习和社会实践创造条件，提供便利。要把高校毕业生就业作为工作的重要组成部分，常抓不懈，完善毕业生就业市场机制，健全毕业生就业服务体系，落实毕业生自主创业、灵活就业的各项扶持政策。要动员社会各方力量，完善资助困难大学生的机制，帮助大学生解决实际困难。党政机关、社会团体、企事业单位以及街道、社区、村镇等要主动配合做好大学生思想政治教育工作。学校要探索建立与大学生家庭联系沟通的机制，相互配合对大学生进行思想政治教育。

第二节　多元文化背景下的大学生思想政治教育创新

多元文化的发展越是蓬勃，思想政治教育工作力度就越不能减小，要不断地加大力度。思想政治教育要在弘扬传统和坚持发展中不断创新，保证思想政治教育源源不断的发展动力，丰富生动鲜活的教学内容，让参与教育教学的全体成员都树立"敢想敢干"的精神风貌。最终投身于建设中国特色社会主义现代化进程中。创新是高校思想政治教育的力量之源、灵感之源。本节着重从创新的角度叙述，即高校思想政治教育的创新工作是多维度、全方位的，组成思想政治教育中任何一个因素都不能偏颇、割裂开来。事实证明创新才是取得巨大成功的重要保证。在新的文化如雨后春笋，社会文化环境瞬息万变之时，社会矛盾集中，新的问题、新的挑战也不断涌来，思想政治教育工作面对如此错综复杂的环境变化，必须敢于创新，必须勇于创新，必须常在创新，才能保证高校思想政治教育在意识领域的"话语权"。

改革开放以来，多元文化影响着我国的国情、党情、人情，多元文化给思想政治教育工作带来了良好发展时机的同时，也考验着思想政治教育工作在意识领域的重要地位，并对其提出了严峻挑战。在新形势下，高校教育工作的重点必须始终放在教育改革上，紧跟时代步伐；必须以创新发展教育工作为新起点，保持和发挥好思想政治工作的优势。

一、坚持"以人为本"创新大学生主体地位

思想政治工作是关于人的工作，多元文化对学校思想政治教育培养目标定位的影响应该在人的全面发展上，注重人文关怀。思政教育应始终贯彻以人为本、服务于学生的理念，探索一条以大学生为创新主体的理念新思路。

把尊重大学生的主体地位作为思政教育创新的出发点，要有针对性开展思政教育工作。大学生自我意识、独立意识强，他们不喜欢单方面接受观点，喜欢发表自己的不同见解。思想政治教育工作要准确把握当代大学生的思想特征，在思想政治工作中切实认真贯彻以人为本的发展理念，促进大学生全面发展应努力做好以下几项工作：

（一）激发和培养大学生的主体积极参与意识

学生的主体性在思政教育中起着十分关键的作用。因此，要激发和培养学生的主体参与意识，教育的过程不能总是教师自说自演，让学生错误地把自己放在"观众"的位置上。学生应努力培养积极的创造力和热情的参与意识，促成自身成为自我教育的主体，并且是能动的、有创造力的主体。在教育的过程必须赋予学生应有的权利，在享受权利的过程中，他们的"主人翁"的意识不断增强，同时他们会更乐于去承担他们在教学过程中的义务。

（二）学生工作者由"教育者"转变为"引导者"

大学是学生心理日渐趋向成熟的时期，此时的他们对任何活动都有很强的好奇心和积极参与愿望，但主体意识在行为层面的表达能力还不够成熟，在参与实践的行为中缺乏科学有效的引导行为。这就更需要教育者科学地指导大学生，使他们内在的参与愿望转化为外在的参与实践行为，将大学生主体意识积极能动性转化为自我教育、自我管理、自我提升的强大动力，在参与实践中实现自我全面发展。

改进工作方法作为思政教育创新的切入点，应当把是否有利于提高大学生综合素质、是否有利于促进大学生思政教育工作全面发展作为检验教育方法成效的标准和依据。

多元文化的新形势下，大学生的思想活动和行为方式呈现出一些新的特点，意识上混乱和多样，行为上的独立和多变，因此教育工作者应该具体问题具体分析，把当代大学生新特点作为创新工作方法的突破口。

（1）应正视并尊重教育对象的思想和行为上的变化，正是因为不同对象间各个方面的差异大，所以教育工作者要做到抓重点的同时重全面，教育达到分门别类教育。

（2）在多元文化影响下，一部分大学生呈现出不同程度的理想信仰的迷失，思想意识观念混乱、价值取向偏离社会主义方向、明礼诚信缺失、社会责任感的空位、奢侈浪费行为严重、集体主义观念淡化、实践能力较差等问题，教育工作者要坚持贴近实际、贴近生活、贴近学生基本原则，积极开展调查，真正深入思想政治教育对象中，及时了解大学生的物质、文化需求，工作方法把握好五个"新"趋向，即在管理上更加趋向平等，在对象上更加趋向引导，在教育上更加趋向实践，在时间上更加趋向长效，在范围上更加趋向全面。通过切实可行的方法，实现思想政治工作"三个转变"，转变管理说教向服务、转变封闭教学环境向开放、转变狭隘工作方法向广阔，最终形成服务为先、文明互通、合理科学的开放式教育教学。

(3)把做好思想政治教育工作和注重人文关怀相结合。在思想政治教育中坚持"一切为了学生,为了学生的一切"的原则,那么思想政治工作就不能只停留在书本层面或是只停留在意识领域的问题上,说到底,教育工作者要深入实际,既要关心学生的思想上实际问题和关注思想上疑惑,努力引导、教育、解惑;又要关怀和关爱学生的生活现实问题,努力倾听学生最真实的呼声,努力使思想政治工作体现深厚的人文关怀。最终在情感上赢得学生信任,在日常生活的点点滴滴中做到春风化雨、润物细无声。

二、把营造互动沟通教育环境作为思政教育创新的突破点

思想政治教育的环境不单只是局限于在思想政治理论教学的课堂上,多元文化为思想政治教育工作提供了更广的传播媒介,营造良好的教育环境更有利于师生间沟通交流,相互促进,共同提高。这就要求思想政治教育工作要做到课堂上平等互动,网络中文明互动,心理上情感互动。

(一)课堂上的互动

传统的思政理论课教学主要以教师的单向灌输式的教学为主,整个教学过程成了教师的一言堂,学生处于被动的地位,只能单方面接受教师的"灌输",思想政治教育由此也就由人格培养演变为科学文化知识的传授。不仅不能培养学生的创新能力,反而会禁锢学生的思维,扼杀学生的想象力。良好的教学环境是由师生共同努力下形成的。在课堂上,教师应采取生动活泼教学方式,抽象和具体相结合、概念和实例相配合、课堂教学和课外活动相促进、教师导向和学生互动共发展的教学方式,学生在愉快的心情下学习,师生相互合作、平等和谐。用先进的科学文化知识武装大学生的头脑,弘扬中华民族优良传统美德,坚定爱国主义情怀和建设社会主义事业的愿望,在主旋律教育的基础上开展"平等讨论课堂"教学方式,最大限度地发挥学生主观能动性。在互动的课堂上,正确处理老师和学生的关系,畅通师生交流渠道,使学生感受到他们是学习的主人。疏导学生与社会的关系,为学生提供一个锻炼创新能力的舞台。

(二)网络中的互动

网络媒体提供给大学生多元化信息,拓宽了大学生知识视野同时拓宽了思想政治教育传播渠道,丰富了学生的文化头脑,网络生活已成为大学生活的重要组成部分。在网络文化蓬勃发展的今天,传统的思想教育方式出现"效果弱化"现象,教育者总以单一正面灌输的形象示人,这样很难吸引大学生的"思想走向"。只有占领网络思想教育阵地,利用网络平台信息量大、内容丰富、方便快捷、普及范围广等优势进行网络对话、互动交流、分析与概述,才能在多元文化的世界中找到主旋律,这是加强思想政治教育自身建设的一种有

效途径。从实践情况来看，思想政治教育网络平台建设，可以加强弘扬社会主义核心价值观，充分发挥网络思想政治教育的科学性价值，能最大限度地激发大学生的主体能动性，将主导性价值观渗透到教育的方方面面。网络互动教育模式使思想政治教育由"固定"转向"可变"，由"一维"变成"多维"，由"单调"换作"多彩"。

（三）心理上的互动

面对日益严峻的社会挑战和竞争激烈的就业压力，大学生很容易产生悲观厌世的情绪。针对大学生棘手的心理问题，教育者要通过互动交流的形式在思想政治教育过程中强化心理健康教育，进行耐心细致的心理慰藉和辅导，帮助学生学会适当有效地调节自身心理情绪，并且要学会协调学生与教师之间、学生与学生之间和学生与社会的关系；在互动中帮助学生积极建设自我心理疏导机制，保持良好乐观的心态，提高自我抵抗压力能力和心理预警能力。激起学生奋发进取、自强不息的宝贵精神。

三、大学生思想政治教育以培养复合型人才为落脚点

进入 21 世纪以来，随着经济和社会的快速发展，我国已进入了高等教育大众化多元化阶段。为适应经济与社会发展对人才的需求和人性全面自由发展的需要，创新大学生应用复合型人才思想政治教育工作，对于提高大学生应用型人才的整体素质，保证应用型人才培养质量，更好地完成人才培养目标具有十分重要的意义。

大学生思想政教育不是离开素质教育另起炉灶，而是与素质教育一样都要以培养复合人才为目标，高素质复合型人才至少具备以下几方面的能力，即道德素质、创新素质、审美素质、技能素质和身体素质。其中，创新素质是核心，道德素质是根本。知识经济时代下复合型人才必须具有创新意识、创新情感和创新意志和创新实践能力。教育要以培养学生的创新精神和实践能力为重点，全方位的开展工作。培养高素质复合型的人才，对思想政治教育工作提出了更高的要求。在知识方面，复合型人才要具有深厚的专业理论和可供其广泛实践的平台，具备较强的终身学习能力和专业转换的适应能力；在能力方面，除了具备其岗位所需的基本的操作技能、技巧外，还要具备探索能力、乐于钻研，把发现、发明、创造转化为具体实践或接近实践。在思想素质方面，应具有正确的人生观、世界观、价值观。

社会主义教育培养的人才还要有坚定正确的政治方向，有坚持建设中国特色社会主义的共同理想。我们必须看到，坚定正确的政治方向并不是与生俱来的，是通过思想政治教育过程和社会实践过程不断确立的。忽视人才培养过程的思想政治教育是不能培养出社会主义建设所需要的合格人才的，也是不符合党的教育方针，且背离社会主义人才方向的。

思想政治教育是培养复合型人才创新能力的一个重要手段。首先，它有助于激发大学生的创新意识。思想政治教育可以帮助学生全面地把握当今时代的特点，增强社会责任

感、使命感，并使其深刻认识到 21 世纪是需要创新的时代，同时能进一步激励人们进行更高层次的创新追求。其次，还有助于发展大学生的创新思维。创新思维要求在思维过程中，破除习以为常、司空见惯的思维定式，积极采取发散性思维、逆向思维、求异思维、联想思维等思维方法。思想政治教育是以马克思主义理论为指导的，马克思主义哲学是批判的、开放的、发展的学说，通过对唯物辩证法的学习，培养学生科学的怀疑态度和问题意识，绝不盲从权威、迷信书本，敢于怀疑，从而不断发现新问题，进行新思考，提出新观点，给出新答案。

思想政治教育把素质教育推向了一个新的台阶，素质教育是思想政治教育的灵魂。思想政治教育深化素质教育，以实现做人与成才的统一，如果忽视了对学生的思想政治素质的培养，一味追求所谓的"才智"，从而忽视了对学生"三观"的教育，那最终培养出来的只能是"蠢才""歪才"。思想政治教育是培养德才兼备复合型人才的一个"强抓手"。

四、高校思想政治是开展师生创造力的双向开发新课题

多元文化背景下创新思想政治教育要走出一个误区：只注重学生创造力的培养，而忽视了教师自身创造潜能的开发，这势必会影响思想政治教育的创新成效。只有师生双方的创造潜能都得到开发，思想政治教育才能达到真正意义上的解放。

思想政治教育作为一种文化传播的特殊方式，它是一个师生共享、共创的过程，在"创新比赛中"师生是站在同一起跑线上的"两名选手"。虽然教师是知识的先知者，但在教学授课的过程中他们也存在对文化的新的理解，这种理解包含着他们对教学内容、教学方法的运用以及自己本身通过创新思维整理好的观念传授给学生，思想政治教学离不开师生的共同参与、思维交换。离开任何一方，师生双向共创共享思想政治教育工作就无法实现。

当前的创新教育只是强调传统的教学模式有碍学生创新思维的培养，而忽视了整个教学活动中的传播者，以及师生间相互配合、相互作用的意识层面的交流。因此我们在创新思想政治教育工作中要构建教师和学生两极主体，让教学创新与文化融合双向发展。一方面老师通过教学活动进一步扩大自身知识储备的深度和广度，不断地完善他们内在自身的认知结构和创新意识，使其创造潜能不断地得到开发；另一方面，学生通过教学活动，不仅掌握了一定的知识，而且不断地增强自身的创新意识。并且在一定教学互动中可以迸发出新的创造火花，随着教师和学生双方的创造力都得到有效的开发，多元文化背景下创新思想政治教育也会形成良性循环，思想政治教育工作不断向着有序化方向演进。

21 世纪是一个倡导多元文化、尊重个性的时代，这为思想政治教育创新发展提供了大的社会背景，师生双方都应从不利于创造的思想观念束缚中解放出来，不断吸取新的文化，丰富自己的内心世界。

第三节　构建和谐社会背景下的大学生思想政治教育创新

构建和谐校园是高校思想政治教育创新的实现途径，构建和谐校园是构建和谐社会的重要组成部分，是构建和谐社会的示范区。构建和谐校园应从五个方面寻求突破口：

第一个方面，创建和谐的人际关系，是构建和谐校园的重要内容。和谐的人际关系应该是民主平等、团结协作。高校党员应该用党内民主带动校内民主，应该以同志情怀促进人格平等；尊重学生的创造性，尊重学生及每个人的人格尊严，应该做团结的模范、民主的先锋。

第二个方面，建立良好的师生关系，是构建和谐校园的保证。和谐的师生关系应该热爱学生、甘为人梯。高校教师党员应该把热爱学生作为热爱人民的体现，应该把甘为人梯作为为人民服务的实现形式。

第三个方面，形成良好的工作氛围，是创建和谐校园的根本途径。这种工作氛围应该是尊重人才、尊重创造。高校党员应该做尊重人才的中坚力量、尊重创造的先锋。高校党员首先应该成为一个创造型的人才，创造是构建和谐校园的源泉。

第四个方面，创建良好的育人环境，是创建和谐校园的根本目标。和谐校园的育人环境应该是管理有序、运转协调、安全稳定。高校党员应该在有序管理中发挥核心作用、在运转协调中发挥传导作用、在安全稳定中发挥骨干作用。

第五个方面，要充分体现大学的文化精神。和谐校园的文化精神应该是以人为本，充满生机活力，富有科学理性，又体现人文精神的大学文化精神。

一、采取有效的措施构建和谐校园

（一）构建和谐校园的含义及其特点

和谐校园是一种以和衷共济、内和外顺、协调发展为核心的素质教育模式，是以校园为纽带的各种教育要素的全面、自由、协调并整体优化的育人氛围，是学校教育各子系统及各要素间的协调运转，是学校教育与社会教育、家庭教育和谐发展的教育合力，是以学生发展、教师发展、学校发展为宗旨的整体效应。

创建和谐校园具有以下几方面的特点：

1. 构建和谐校园是必须与时俱进

构建和谐校园是构建和谐社会的重要组成部分，同时也是教育规律的体现。长期以来，在应试教育的影响下，基础教育存在着"五育"之间、师生之间和学校教育与社会教育、家庭教育之间不和谐的现象，损害了学生的身心健康，产生了教育的"畸形儿"，严重影响国家教育方针的贯彻。因此，构建和谐校园是大势所趋、人心所向。

2. 构建和谐校园必须坚持科学发展观

科学发展观的本质和核心是以人为本，就是要以人为中心，突出人的发展。人是教育的中心，也是教育的目的；人是教育的出发点，也是教育的归宿；人是教育的基础，也是教育的根本。一切教育都必须以人为本，这是现代教育的基本价值。

3. 创建和谐校园是和谐社会的基本组成部分

学校是人才荟萃、知识集中的地方，是实现科教兴国战略的生力军和重要基地。构建和谐大学校园，是构建社会主义和谐社会的基本组成部分。

4. 创建和谐校园要求学校要有新的、科学的教育理念

在"共施和谐教育，共筑和谐校园"的目标指引下，为使学校教师队伍与时俱进，不断适应学校教育的新要求、新发展，秉承着新的、科学的教育理念是十分有必要的。

5. 创建和谐校园要处理好四个关系：干群和谐、师生和谐、家校和谐、四育和谐

干群和谐是学校发展的关键，要相互尊重、主动合作。师生和谐是学校发展的条件。家校和谐是学校发展的保障，学校和教师要努力做到加强沟通、体现尊重、密切配合、共同育人、遇事研究、达成共识。智育与德育、美育、体育也要和谐发展。

（二）构建和谐校园的有效措施

社会是一个有机整体，校园是社会这个有机整体的组成部分。整体是由部分构成，部分之和大于整体。部分具有相对的独立性而相对地成为另一整体，但归根结底要和它所构成的整体密切联系着。高校相对于社会是一个部分，同时又是一个独立整体。因此我们必须全方位分析校园，才能更好地构建和谐校园。

1. 处理好内部和谐与外部和谐的关系

所谓内部和谐是指校园内各个有机组成部分要和谐发展，也就是指高校自身的发展。它的自身发展存在不协调的地方：一是高等教育区域发展不平衡；二是高等教育城乡差距明显表现出受教育机会不协调的现象。为此我们必须借助于校园的外部力量也就是社会的力量来解决，即外部和谐。所谓外部和谐即校园与社会有机体这一外部环境要协调发展。从外部环境看，高等教育与经济发展不相适应。不少学校的发展规划严重脱离学校所在地发展实际，超越经济和社会发展阶段，出现过分超前的倾向；也有部分学校的发展和规划

明显滞后于社会经济的发展步伐，教学活动不能适应社会发展的需要。为此，针对院校的超前和滞后的问题，我们必须从实际出发，制定切实可行的规划，促进校园与社会协调发展。

2. 整体把握高校的发展，确保高校的各方面的发展与时俱进

我们不仅要把握好校园内部和外部协调发展，更重要的是要整体把握校园这一个整体要与时俱进地发展。高等教育的发展是全方位的发展，它包括校园文化、校园制度、校园群体等各方面的发展，也包括校际的发展、国际交流与合作等。我们要促进校际、国际间高校互通有无，以便更好地创建和谐校园。

3. 构建和谐校园必须认真贯彻理论与实践相结合的科学发展观

我们提倡科学发展观构建和谐校园，不能只停留于口头，而要付诸实施，就必须制订切实可行的计划并且付诸行动。要对整个高等教育进行统筹规划，实现协调发展。社会对人才的需求是多种多样的，是不同层次的，所以要求建设不同类型、不同层次、不同特色的各种高校，树立科学的人才观，树立科学质量观，最终真正落实以人为本、协调发展的科学发展观，构建和谐校园。在构建和谐校园、和谐社会背景下促进高校思想政治教育创新，培养合格的人才。

二、注重学生始终是构建和谐校园的重要因素

在以人为本全面协调发展的科学发展观指导下，构建和谐社会、和谐社团、和谐校园是我们的近期目标。构建和谐校园是教育规律的必然结果。学校教育、社会教育、家庭教育之间的不和谐现象损害了学生的身心健康，与此同时，学生教育的诸多因素也严重影响了和谐校园的构建，学生始终是构建和谐校园的重要影响因素，我们必须把培养学生的一切工作放在校园建设的首位。

所谓的和谐校园是一种以和衷共济、内和外顺、协调发展为核心的素质教育模式，是对各种教育要素整体优化的育人氛围。学校的发展离不开学生的发展，和谐校园的构建离不开学生各方面的因素的均衡发展。进行思想政治教育，就要改变教育思想和教学观念，改善教育形式，搞好思想政治工作，处理好教育主客体的地位关系，进行心理健康教育。高校思想政治教育的诸方面都是以学生这一主体为中心的。学生个性的全面和谐发展，构建和谐的校园文化，协调学生比例，健全学科建设，探讨就业模式，也是以学生这一主体为中心，这几方面工作做得好坏，直接影响校园的和谐发展，因为学生是构建和谐校园的重要影响因素。构建和谐校园是时代发展的必然趋势，我们必须一以贯之，我们必须把学生的发展放在首位。

（一）学生个性的全面和谐发展与和谐校园的构建

和谐校园的构建最终要落实到学生身上。学生个性的全面发展是构建和谐校园的重要标志。当代教育的基本宗旨是培养人的自我生存能力，促进人的个性全面和谐的发展。既要培养适应社会需要的各种人才，又要培养具有鲜活个性的多样化人才，使学生的潜能、兴趣、爱好、特长得以充分发挥，使学生的知、情、信、意、行诸方面协调发展。把校园改造成由个性得到全面和谐发展的学生组成的和谐校园。和谐的校园文化包括，基础设施文化、自然人文环境文化、以人为本的制度文化、教师文化、学生文化。其中的学生文化是和谐校园文化的主流。没有学生参与的文化，不能称其为学校文化。建设个性完善、人格健全的学生文化，直接影响着和谐校园的人才培养。从内容上说学生文化包括德育文化、学习文化、综合实践活动文化、文娱体育和审美文化、生活与心理卫生文化等。在学生文化建设的实践中，应坚持以育人为本，使学生做到人格上自尊，积极向上求进步；学习上自主主动参与和探究；生活上自律，主动自理与服务；行为上自律，主动约束与反省。完善学生文化本身的协调发展是建设和谐校园文化的基础，学生文化是校园文化的主流。学生的培养离不开协调的学生文化，更离不开和谐的校园文化。

（二）大学生思想政治教育的诸多因素始终影响着和谐校园的构建

大学生思想政治教育存在着诸多方面的不和谐，如教育形式单一、教育的主客体地位不平等、教育工作脱离实际、心理健康教育受到忽视等。这些因素在影响学生全面和谐发展的同时，也制约了校园的和谐发展。

1. 改变教育思想和教学观念是构建和谐校园的指导性因素

传统教育思想和教学观念的弊端之一是专业划分过窄、知识分割过细、课程设置过分定向，都会致使学生的知识结构单一，视野狭小思维迟钝，在新事物新情况面前缺乏应变性和解决问题的能力。其弊端之二是在市场经济条件下，人才流动大，职业转换频繁，甚至在很多部门和单位，职业的概念已经模糊，用人单位对专业对口的要求大大放松了，而大学生思想意识与文化知识已经相互脱节。在这种情况下，我们必须实施素质教育，把思想教育、专业教育与知识教育相结合，注重与相邻学科专业知识衔接的同时，绝不放弃思想政治教育，从而造就品学兼优、德才兼备、适应性强的合格人才，构建与和谐社会相匹配的和谐校园。

2. 改变思想政治教育形式是构建和谐校园的根本因素

说教的教育方法是一种较为传统的教育方法，它的弊端是缺乏师生互动，不能激发学生兴趣，教育效果甚微。我们可以通过诸多方式进行思想政治教育，但要坚持说教与体验相结合的原则，坚持教育形式科技化现代化的原则。当今的世界是开放的世界，是科技飞速发展的世界。互联网的出现使整个世界变成了一个地球村。互联网的特征是灵活、迅速、及时、高效、生动、直观。因此世界上各国家及其各个高校都重视互联网的应用。应用互联网可以打破时空限制，达到直观教育的效果。进行思想政治教育，首先应选择互联网进行教育，但是也应引导学生正确地使用互联网，杜绝学生受互联网的不良影响使其负面效应产生。另外，可以开展各种实践活动，对大学生进行思想政治教育。举办大学生三下乡活动、文艺汇演活动、学术论坛、道德与法治教育知识竞赛活动等。要做好思想政治工作必须通过循循善诱的分析和说理，采用思想引导、政治教育、宣传活动的方式，解决大学生政治信仰、价值教育、理想观念、伦理道德等思想问题。只有这样才能增强学生在校园生活和社会生活的体验，把思想认知与情感体验紧紧结合起来，达到知、情、信、意、行的内在统一。

3. 做好大学生群体的思想政治工作是构建和谐校园的基础

进行大学生思想政治工作首先要正确地认识学生群体，分析学生群体。为学生服务的思想政治工作，不能脱离学生的实际情况，不能搞一刀切。要具体问题具体分析，从而引导学生的可行性和共性的和谐发展。现在的大学生大都来自不同地区、不同的家庭背景，经济状况有差异，性格也存在着差异，因此会出现诸多不同的个体和群体，这些群体有贫困生群体、学习困难群体、独生子女群体、心理障碍群体等。针对这些不同的群体，要采取不同的教育方法进行思想政治教育，不能脱离这个实际，要正确处理这些特殊个体、特殊群体之间的关系，使学生之间、师生之间建立和谐发展的关系，促进校园的和谐发展。

4. 处理好教育主客体地位的关系是构建和谐校园的重点

在过去的思想政治教育过程中，教师是教育主体，学生是教育客体。在这其中简单说教、生硬灌输、强制接受显然是忽视了学生的重要性，缺乏对学生的关心及对学生的平等交流。因此，我们要构建教育主体与教育客体间和谐的平等关系，就必须尊重学生主体意识，树立以学生为本的思想政治工作理念。充分发挥学生主体性和主观能动性，即发挥教师的主导作用的同时，更要重视学生的主体性，放手学生进行自我教育、自我活动，协调教育主客体互动的关系，以大学生全面发展为目标，深入进行素质教育，遵循以学生为主体，以教师为主导的教学规则。

5. 进行大学生心理健康教育是构建和谐校园不可忽视的因素

长期以来，心理健康教育没有走入课堂，这是普遍的现象。高校没有设立全校性的心理健康教育选修课是一个极大的失误。因为这门课程能系统地为学生提供科学有效、实用的心理学技术和方法，促进学生的心理成长与潜能开发，增进学生社会适应能力。在全国各高校普及心理健康教育选修课，促使学生身心健康得到全面协调发展。只有这样，才能构建由心理健康的学生群体所组成的和谐校园。

（三）大学生层次比例、健全学科建设与和谐校园的构建

我国部分高校本、硕、博的比例不协调，甚至一些高校的硕士、博士教育刚刚起步，这是急需排除的一大弊端。随着世界经济全球化和国内经济体制改革的深入开展，社会对人才的需要越来越多。一方面，为了与社会发展的步伐保持一致，我们必须加大硕、博比例，扩大招生硕士、博士研究生；另一方面，硕、博招生不能盲目地扩大，要有针对性。要针对社会的各行各业的需求适当地进行扩招，否则将形成高层人才的相对过剩，给国家和人才造成极大的损失，导致学校的发展社会的发展失调。因此，我们不但要协调学生比例，还要加强学科建设，排除学科不健全的弊端。要排除以上弊端，必须采取以下措施：

（1）加强学科规划与学位点建设，不断增加学科建设与学位建设投入。高校应适应新形势、新任务，加强领导、完善机制，为一流学科建设提供有力保障。精准对接国家重大战略和省域发展需求，着力培植学科、学位新增长点，构建与特色鲜明的一流大学相适应的学科发展体系。

（2）重视学科梯队建设，造就一支高水平的学科梯队和领导队伍是学科建设的根本保证。学校要根据学科建设发展的需要，将有发展前途的青年教师列入学科梯队进行重点培养，鼓励他们外出进修学习提高学历层次，扩大学术视野，在科研课题立项、申报经费资助等方面均向中青年骨干教师倾斜，促使他们快速成长。

（3）极大发挥高级专家在科学研究、研究生培养、青年培养等方面带头人的作用，确保导师队伍和学科梯队始终保持合理的结构和较高的水平。积极有效地采取措施保证学科梯队的活力和研究生培养的质量。

（4）建设一批有一定实力和影响的学科，增强高校在高层次人才培养和社会经济发展方面的能力，提高高校的知名度。由此观之，无论是学生比例问题，还是学科建设问题，都与学生息息相关，都影响着校园的和谐发展。

（四）大学生就业模式与和谐校园的构建

大学生就业问题是高校与社会关注的焦点问题，是高校与社会连接的纽带和桥梁，是令两者协调发展的调节器。因此，世界各国都重视这一问题。目前，世界大学生就业问题是世界大学校园普遍存在的问题。对于这一问题的解决，各国分别采取了不同的措施。据调查，国内外大学生就业趋势呈现以下不同的情形：

1. 国内外大学生就业趋势的多样性，影响了和谐校园的构建

（1）巴西大学生先就业后择业。大学生普遍认为毕业后只能先就业后择业，不管工作

是否满足，都应先干起来逐步积累经验，一边工作一边寻找自己所喜爱的工作。

（2）美国实行毕业生自主择业制度，设有专门大学毕业生就业市场，政府部门中也设有专门主管高校毕业和就业的机构。

（3）西班牙的大学不负责为毕业生提供任何就业线索，学生一毕业，就与母校再没任何关系，找工作靠自己，大学生通过实习找关系是未来实现就业的途径之一。

（4）加拿大鼓励大学生到艰苦地区工作。加拿大大学生找工作的途径有三种：第一种是求助学校的职业介绍所；第二种是通过由校方安排的专业实习计划找工作；第三种是到学校或自己联系的单位实习然后工作。

（5）印度大学生自谋出路是主要选择。近年来，在经济不振、人才需求下降而高校毕业生逐年增多的情况下，大学生就业越来越困难，自谋出路是他们的唯一选择。

（6）日本具有完备的就业机制。在求职方面，网络作用明显，报纸也会刊登各种各样的信息，并且公司会到校招揽人才，政府也会提供预算支持。

（7）英国名校毕业生更有优势。尽管许多用人单位表示名校和普通学校的毕业生并无偏颇，但实际上名校毕业生更有优势。

（8）俄罗斯大学生平静面对改行。大学生毕业后根据自己的实际工作进行相关专业的再学习和再培训是不可避免的，甚至这些大学生毕业改行是必然结果。

与此同时，国内大学生就业趋势呈现出不同与此的情形：随着社会主义市场经济的发展，我国高等学校毕业分配、就业制度改变了统包统分和包当干部的就业模式，正在实行少数毕业生由国家安排就业、绝大多数自主择业的制度。与此相配套，各地区及高等学校还相继开办供需见面会和毕业生就业市场，组织毕业生与用人单位进行双向选择，积极开展就业指导工作，为毕业生提供服务。针对国内外大学生就业趋势的复杂性，我们必须处理好大学生从校园步入社会的过渡阶段的和谐发展关系，从而更好地构建和谐校园。

2. 大学生就业问题，是构建和谐校园不可忽视的因素

（1）大学生存在心理困扰。面对就业压力，大学生有的不能正确认识自己，容易产生自卑、攀比、保守和不知所措等心理困扰。有的缺乏基本的职业常识，不能正确对待职业选择和职业流动，常出现恐慌、迷茫、无奈无助等心态。甚至出现大学生就业极端问题。所谓就业极端，即极少数大学生不堪就业压力而走不归路。例如，有些因招聘会就业不顺，跳楼自杀；有的因应聘公务员被淘汰而杀人。这些现象的出现，严重阻碍了和谐校园的构建，我们必须想方设法解决好大学生就业问题。

（2）必须正确认识大学生就业形势。就业有利因素：目前我国处于政治稳定，经济飞速发展的大好时机，需要大批受过高等教育、有专业技能、讲究社会公德、有良好职业道

德的"四有"新人参加社会的建设。因此国家各级政府越来越关心高校毕业生就业问题。

就业不利因素：几百万毕业生集中在一个时间段就业，导致就业形势严峻。具有博士和硕士学历的毕业生成倍增长使就业形势由"研热、专冷、本一般"向"博受捧、本受冷、研一般"方向转化。

调控的滞后性和人才需求迫切性的矛盾，使高校的专业设置和调整不能完全适应职业发展的需求。因此部分毕业生就业紧张的问题不可避免。

（3）教育大学生做好就业的心理准备。正确认识社会需求与自身竞争条件的基础上，先求职有了立身之地再寻求发展。

弱化专业对口的奢谈。以充分发挥你的素养和素质及能力为标准，灵活调查专业方向，不要死抱专业不放。

要做好遭遇挫折的准备和乐观看待求职失败。我们必须排除大学生心理困扰，认清就业形势，教育大学生做好就业心理准备，使学生的身心发展与社会的发展相协调，为和谐校园构建坚实基础。

构建和谐校园始终与学生息息相关，学生的言行举止影响着和谐校园的构建。因此，进行思想政治教育，不可忽视校园的主人——学生。学生是校园的主人，校园是学生生活的家园、精神的乐园、成才的摇篮，构建和谐校园就要为学生的成才注入活力，使学校得到发展，提高教师教书育人的积极性和学生学习的主动性，促进师生身心健康，积极营造良好的育人环境。

三、正确处理和谐社会与和谐校园的关系

科学发展观是以人为本全面协调可持续发展观，是促进经济、社会和人的全面发展的发展观。在科学发展观指导下，构建一个和谐社会是必然的趋势，与之相呼应，为了协调社会与学校的发展，应该构建这样一个和谐校园，即师生们生活的家园、精神的乐园、人才的摇篮。只有这样才能培养身心和谐，健康成长的合格人才，为建设和谐的社会主义贡献一份力量，才能真正做到落实科学发展观，全面辩证谋发展。

"以人为本，树立和落实全面、协调、可持续的发展观，构建和谐社会。"这是中国未来发展的必然选择。新的发展观强调发展是全面的发展。因此我们的发展应该是经济、政治和文化全面发展的过程，应该是社会的全面发展和人的自由全面发展的过程。同时，发展应当是均衡协调发展，包括经济领域与社会领域的协调发展，物质文明、政治文明、精神文明的协调发展，协调是保证全面发展的条件。我们所构建的和谐校园是和谐社会的有机组成部分，那么和谐校园也应该是一个民主法治、公平正义、诚信友爱、充满活力、安定有序、和谐发展的文明校园。构建和谐校园，就是把学校建设成最适宜学生成长发展的

生态系统，具备民主、科学、人文开放的育人环境；就是要使学校教育与社会教育、家庭教育和谐发展。因此，我们必须采取有效措施处理好学校与社会的和谐关系，尤其是人才培养与服务社会的关系，最终达到培养合格人才的目的。

（一）促进大学生品德教育的针对性与法治社会的复杂性的和谐一致，培养品德高尚的人才

法治对于社会主义而言，其重要性和必要性表现为社会主义民主要求我们实行法治，社会主义市场经济从客观上也要求我们实行法治，社会主义精神文明本身就包括对法治思想的内在要求，是繁荣科学文化事业的重要保证，同时法治还能促进社会全面协调持续发展。社会主义国家的稳定、人民生活的幸福安宁，也要求实行法治、建设法治国家，社会主义的对外开放事业也提出了法治要求。社会主义的终极目标要求各种制度充分体现对人的关怀，只有实行法治，才能保障人权，体现对人的尊严和爱护。

党的十一届三中全会以来，随着工作重心转移，我国进入改革开放和现代化建设时期，日益发展的社会主义市场经济和民主政治需要健全的法制推动、保障、引导，社会的稳定需要加强法制，因此我国的法学教育得以扩大和发展。我们党实行和坚持依法治国，努力实现国家各项工作的法制化、规范化，保证人民群众依照法律规定通过各种途径和形式，参与管理国家、管理经济和文化专业、管理社会力量，真正做到有法可依，有法必依，执法必严，违法必究，保证了社会主义各项事业顺利发展，同时思想政治教育也是不可忽视的。

在社会主义法治建设的大环境里，思想政治教育要与法治建设相协调，两者相辅相成不可分离。思想政治教育是集伦理学、心理学、教育学为一体的综合课程，其目的是通过引导和帮助大学生树立正确的世界观、人生观、价值观、道德观、法治观，来学会以科学的方法应对和解决生活、学习、工作中实际问题，为将来服务于社会奠定基础。思想政治教育是法治社会的基础是公民守法的基础。高校教育就是迎合社会的需求，培养和输送德才兼备的人才的，社会需要高新知识技术武装的人才，更需品学兼优的人才。一个人只有知识而没高尚品德不行，只有高尚的品德而没有知识也不行。所谓的"人才"既是指成人又是指成才。具有高深知识而无视国法违法犯罪的人屡见不鲜，如贩卖制造毒品、网络犯罪、制造假币、印刷盗版书籍，制造枪支弹药等。这些人都具有高智商，可以说是奇才，但不能算是合格的人。因为他们失去了人格、人品。这一问题的解决不仅需要学校教育更需要社会各方面的协助，如报刊、广播、电视、互联网等媒体的宣传教育。

当今社会是法治社会，校园是社会的一个有机组成部分。对大学生的教育不仅要进行思想教育也要进行法制教育，这样才能做到校园与社会的和谐。但国内外的大中学校园犯罪案件却频频出现。报纸、互联网等经常报道美国、日本等发达国家校园伤害事件，我国

的大中学校园自杀、他杀案件也时有发生。这些案件的发生与社会背景影响和学校的品德教育是密切相关的。

要消除校园品德教育与社会的法治不和谐，构建和谐的校园，必须采取如下措施：首先进行品德教育要做到知行统一。荀子曰："口能言之，身能行之，国宝也；口不能言，身能行之，国器也；口能言之，身不能行，国用也，口言善，身行恶，国妖也。"一方面，我们要言行一致、身体力行，另一方面，要千万警惕，不能让那些"口言善，身行恶"的人进入社会的上层，行凶作恶。我们进行思想政治教育就是要培养出理论与实践相结合，知行统一、表里如一、言行一致的人。其次采用自我教育的方法。孔子《论语·学而篇》有云："吾日三省，为人谋而不忠乎？与朋友交，而不信乎？传不习乎？"这种注重自我教育的思想和做法是可取的，是与法治社会的以德治国、依法治国的原则相和谐的。孔子《论语·里仁篇》有云："见贤思齐焉，见不贤而内省也。"这就是取人之长，补己之短，是思想政治教育好方法。最后要借鉴"慎独"的思想道德教育方法。《中庸》有言："莫见乎隐，莫显乎微，故君子慎独也。"这是培养锻炼坚强的道德信念和道德意志的好方法。大学生应该培养这种高尚精神境界以适合社会的需要。

（二）促进教学活动方式的渐变性与科技发展的迅速性的和谐，培养高科技武装人才

随着科技的发展，改革开放的深入开展，信息技术飞速发展，网络信息技术渗透到各个领域。工业方面需信息技术管理控制指导生产。商业需要信息技术进行销售订购业务活动。教育部门也不例外，更需要借助信息技术进行教学管理生活，为了促进教学活动的渐变性与科技发展迅速性的和谐，我们必须密切关注互联网对高校教育活动的影响。当前，网络对大学生思想观念、思维方式、行为模式、个性心理都产生了广泛的影响，这就不可避免地给高校教育教学活动带机遇和挑战。一方面互联网以其信息量大、传递方式便捷快速、辐射范围广和高度的开放性、交互性等特点及优势，日益成为人们文化活动和思想传输的重要载体，成为高校教学活动的有益补充和机遇；另一方面，互联网是一个开放的信息传递系统，网络用户来自不同国家和地区，存在文化类型、意识形态、政治制度、宗教信仰、价值观念等方面的差异，其内涵是多元的。由此产生的多元的网络文化给高校教育也带来严峻的挑战。为了达到高校教育活动的渐变性与科技发展的迅速性的和谐效果，我们进行高校思想政治教育务必抓住机遇，不能墨守成规，不能抱住传统的说教方式不放，而要充分发挥信息网络技术的优势，将高校教育引入互联网，引进先进的教学方式，从学生的思想实际出发，深入探讨网络时代思想政治教育规律，减少网络负面影响，抓住机遇，促进教学方式与科技发展的和谐。另外，要普及多媒体教学以取代之前传统的说教。多媒体教学具有生动形象的特点，对大学生有具体、直接的教育作用。

随着科技的发展，社会需要掌握高技术的双边、多边人才。因此，首先必须加强对外交流与国际合作。加强对外学术交流，促进学校科研、教学和管理人员开阔视野，及时更新知识，了解前沿动态，追踪学科走向，进而促进校园发展与社会发展和谐。其次聘用外籍教师，加强留学生教育和校际交流。学校与国外合作院校增进对彼此的了解，加强学术间交流与合作。通过建立长期稳定的校际交流关系，提高学校学术地位，扩大影响，增加社会的知名度，加强与社会的融合。最后是文化交流。国际文化交流是传播友谊、增进友谊、感受文化、开阔视野的良好渠道。

（三）促进以人为本、全面发展的育人观念适时性与社会需求多样性的和谐一致，迎合社会需求的多边人才

科学发展观的根本目的是提高人的素质和质量，促进生产力的发展。坚持以人为本的科学发展观，既是经济社会发展长远的指导方针，也是实际工作中必须坚持的重要原则。它是我们党坚持解放思想、实事求是、与时俱进、理论创新的重大成果。以人为本就是要把人民的利益作为一切工作的出发点和落脚点，不断满足人们多方面的需要并促进人的全面发展。以人为本也是科学发展观的核心和主旨。以人为本主要包括两方面：

（1）为了人，即将人们的健康生存和全面发展、人的物质、文化、政治需求及其满足、人的权益和幸福作为发展的目标和宗旨、中心和主线、出发点和落脚点；

（2）依靠人，即以广大人民群众作为发展的主体力量、根本动力、发展创造力和前进推动力，能够推动经济社会又快又好地发展。

总之，以人为本就是要造就人、善用人、造福人。造就人就是指人培养造就成合格的优秀的人才；善用人就是在发展中努力使每一个人都能各得其位、各尽所能、各展所长。造福人就是提高人的生存水平、生命质量和幸福程度。

当今的高校教育就是要贯彻以人为本，全面发展的育人观念，就是要造就人，把人培养造就成合格的、优秀的社会建设者和历史创造者，以适合社会的需要，为社会输送更多的各种各样的人才。高校是社会的一个有机组成部分，它的发展与社会的发展息息相关。社会主义的经济体制改革使中国进入市场经济社会。市场经济社会是通过市场调节对资源起配置作用的，这里的资源不仅指物质资源也指人力资源。因此市场经济社会对人才的需求是多样的。高校教育是培育社会所需的各种各样的人才的教育，它不仅培养德智体美劳全面发展的人才，培育有理想有道德有文化守纪律的人才，而且还培养专业化特别强的各种人才，这恰恰迎合了市场经济社会的需求。

认真落实科学发展观，有助于促进高校以人为本的协调可持续发展，也有助于促进社会的以人为本的协调可持续发展，从而达到两者的和谐。

（四）促进高校大学生的培养模式、就业模式的灵活性与市场经济体制的人才需求模式和谐的、多样性的和谐一致

党的十一届三中全会以前我国实行的是计划经济体制，即一种运用计划配置资源方式。自党的十一届三中全会以后，我国遵循的是市场经济体制，运用市场对资源进行配置。市场机制实质是价值规律调节。价值规律是通过价格、供求和竞争调节社会劳动分配比例的，这是一种"看不见的手"的调节。

在计划体制下，我国高校对大学生的培养模式、就业模式是有计划成比例进行的。就业分配采用的是统包统分的模式。而在市场经济有条件下我国高校对大学生的培养模式、就业模式有所调整，由"统包统分"的就业模式转变为"双向选择"的就业模式。只有这样才能促进高校的培养就业的人才输送与市场经济社会的人才接纳之间比例协调，达到平衡的效果。

随着改革开放的深入开展，我国高校采取新的培养模式即按照"宽口径、厚基础、复合型、高素质"的要求，基于通识教育基础上的专业教育思想，以学分制为平台，把学生的学习期限分为两个阶段。学院在招生时不分专业，前两年设置相同的基础性课程打通培养。学生进入三年级时可按自己的兴趣爱好、专长以及就业做出专业选择。同时，注意学生的个性发展，广开课源，不断加大跨专业、跨学科选课的数量。通过转变人才培养模式，逐步形成高素质、多样化、多层次、具有创新活力的人才培养新机制。与此同时，高校也改革了就业模式，由"统包统分"转变为"双向选择"，这就迎合了社会多样性的需要和学生自主择业的心愿，许多高校举办人才供需见面会、人才招聘会等形式，落实这一举措，促成了人才供给与需求的和谐。

四、完善高校思想政治教育机制

思想政治教育机制是指思想政治教育运行过程中各构成要素由于某种机理形成的因果联系和运转方式。它主要研究思想政治教育过程中思想政治教育现象的各个层面和层次整体性的功能及其规律，包括其运行所依据的原理和原则，运行过程的状况即运行中各个部分之间的相互作用，以及和思想政治教育系统之外的其他系统之间的相互作用等。思想政治教育机制的主要含义是：

它是思想政治教育各构成要素的总和。

它的功能是各相关因素功能的总和，其功能的发挥依赖于各构成要素之间的相互衔接、协调运转，依赖于各类要素功能的健全；

它是一个按一定方式有规律地运行着的动态过程。

思想政治教育机制主要由八个方面的要素构成：思想政治教育运行的主体、思想政治教育运行的目的、思想政治教育运行的动力、思想政治教育运行的环境、思想政治教育运行的控制、思想政治教育运行的方式、思想政治教育运行的程序、思想政治教育运行的保障。当前在探讨高校学生思想政治教育工作创新的时候，就必须探讨高校学生思想政治教育工作机制的创新。

从长期的教育实践来看，高校学生思想政治教育工作机制主要包括领导管理机制、教育机制、保障机制、评价机制、激励机制、督导机制。这些机制环节，一环紧扣一环，缺一不可，一个机制环节出现问题，就会影响整个工作。

思想政治教育是一个复杂的系统工程，是各种因素相互联系、相互作用构成的有机整体。因此，只有建立起和谐、高效的运行机制，才能使思想政治教育取得理想的效果，达到高校思想政治教育创新的目的。

（一）进行高校思想政治教育创新，必须完善高校思想政治教育主体机制

进行高校思想政治教育创新，必须坚持以人为本，树立以学生为本的工作理念。和谐社会带给我们的一个重要新理念、新认识，就是以人为本。以人为本，对于大学生思想政治教育来说，就是从大学生的实际出发，满足他们的需要，相信学生、依靠学生。过去我们对大学生思想政治教育工作的认识，主要是立足于思想政治教育工作者，这样缺乏理念和思路上的创新。而从以人为本这一新理念、新认识出发，有助于满足大学生不同层次的精神需求，提高大学生思想政治教育的针对性和实效性；有助于发挥大学生自我教育、自我管理、自我服务的作用，形成教育和自我教育的合力，从而把大学生思想政治教育提高到促进构建和谐社会这个更高的要求上。

（二）进行高校思想政治教育创新，必须完善高校思想政治教育目标机制

进行高校思想政治教育创新，必须树立和谐教育的目标。用和谐的方法培养人，培养和谐的人，是当前大学生思想政治教育的观念创新。过去较长的一个时期，我国政策导向对社会和谐问题关注度不够，反映到大学生思想政治育方面，就是在认识大学生思想政治教育的目标时，比较强调它的政治功能。而在当前构建和谐社会的新情况下，应当把服务和谐社会建设作为大学生思想政治教育工作的重要目标，纳入大学生思想政治教育总体规划，引导大学生树立科学发展和和谐发展的思想观念，促进大学生全面和谐发展，为建设和谐社会增添新力量。

（三）进行高校思想政治教育创新，必须完善高校思想政治教育环境机制

进行高校思想政治教育创新，必须积极推进和谐校园文化建设，必须重视校园文化的重要育人功能。文化的发展和繁荣是和谐社会的一个重要特征，对于促进和谐社会的形成具有不可替代的作用。积极推进和谐校园建设，是坚持科学发展观，建设和谐社会的必然要求。建设和谐的校园文化，应成为加强和改进大学生思想政治教育的一个重要努力方向。

（四）进行高校思想政治教育创新，必须建立和谐的教学机制

要引导好学生，教育者就要去寻求社会规范与学生个体之间需要的对话渠道，这就要求我们的教育者首先要正视并尊重学生的心理世界和内在需要。同时还要求教育的科学和艺术，构建一个互动、对话的和谐教育机制。

（五）进行高校思想政治教育创新，必须构建新的和谐互动机制

只有构建学校教育、家庭教育、社会教育各子系统内部的和谐互动机制，构建学校与社会、学校与家庭以及社会与家庭相互间协同运作的和谐互动机制，才能实现高校学生思想政治教育的目标，才能达到思想政治教育的效果。

1. 构建学校内部的和谐互动机制

要充分整合和优化校内资源，树立德育首位意识和全员育人观念，使教书育人、管理育人、服务育人真正达到和谐统一，建立大学生思想政治教育工作的学校内部和谐互动机制，使学校内部硬件建设与软件管理达到和谐，传统教育方法与现代教育手段革新和谐统一，学校的管理、教师的教学与学生的学习和谐有序。

2. 构建社会内部的和谐互动机制

在社会日益信息网络化、经济全球化的时代，充分发挥和有效利用社会教育资源，建立比较健全的与行政、法律、经济配套的措施与政策，形成全社会共同关心支持并参与大学生思想政治教育工作的和谐互动局面。

3. 构建家庭内部的和谐互动机制

家庭教育具有情感性、亲和性和补充性的特点。教育家苏霍姆林斯指出："没有家庭教育的学校和没有学校教育的家庭都不可能造就全面发展的人。"不同家庭、不同教育程度和兴趣爱好的家庭成员对大学生思想政治教育有着明显的差异。构建包括家庭人员交流谈心机制、定期联络机制、德育榜样机制、家训伦理机制等在内家庭教育机制是非常需

要的。

4. 构建学校与社会协同运作的和谐互动机制

要有力化解社会对学校教育效果抵消的状况，实现学校内部教育管理与周边环境的和谐，增强学校与社会的互动，最大限度地在多元价值并存的社会中保持思想政治教育的有效性，使学校教育的思想、内容等与社会和谐统一起来。

5. 构建学校与家庭协同运作的和谐互动机制

当前，要努力探索学校教育与家庭教育思想、方法和谐统一的支撑点，以及让家庭参与学校教育的有效途径和方式，切实发挥家庭教育在大学生思想政治教育中的作用，使之与学校教育和谐统一起来，以发挥教育的合力作用。这种学校与家庭和谐互动的思想政治教育机制主要有：及时有效的沟通机制、快捷的信息通报与反馈机制、共同教育与管理的协商机制、定期的双向汇报交流机制等。

6. 构建社会与家庭协同运作的和谐互动机制

在以往的研究中，很少有学者研究社会与家庭的协同运作问题，更谈不上构建两者和谐互动的机制。我们认为，长期对社会与家庭和谐互动机制缺乏研究将十分不利于大学生的思想政治教育。在社会与家庭教育方面，构建以家庭教育为主，社会教育极力配合的协同运作机制将巩固思想政治教育的效果。克服社会与家庭"两张皮"的现象，协调配合，形成合力。

第四节　影视文化影响背景下的大学生思想政治教育创新

影视文化影响背景下大学生思想政治教育的创新，就是要在社会主义核心价值体系的引导下，坚持正确的创作服务方向，增强精品意识，为大学生提供更多优秀的精神食粮，在丰富作品种类与数量的同时，还要从实践入手，对其进行适当的引导，促进影视文化对大学生思想政治教育载体作用的有效发挥。

一、以社会主义核心价值体系引领当代影视文化建设

影视文化作为当今社会覆盖面最广、受众范围最大的传播媒介之一，必须紧跟时代步伐，紧扣当前中国社会的政治大背景，坚持以马克思主义为指导思想，坚定当代影视文化对大学生传播思想内容的正确方向，树立中国特色社会主义共同理想，把握影视文化对大学生思想政治教育影响的主流趋势，弘扬以爱国主义为核心的民族精神和以改革创新为核

心的时代精神，明确影视文化在大学生思想政治教育过程中承担的重要任务，为影视文化在大学生思想政治教育中传播正能量奠定基础。综合以上各方面因素，在正确思想的引导下释放影视文化的正能量。

（一）坚持以马克思主义为指导思想，坚定当代影视文化对大学生传播思想内容的正确方向

马克思主义指导思想，是社会主义核心价值体系的灵魂。是我们立党立国的根本指导思想，是社会主义意识形态的旗帜，它为我们提供了科学的世界观和方法论，决定着社会主义核心价值体系的性质和方向。当前的社会主义中国坚持马克思主义指导思想，就是要求我们坚持以马克思主义为主流意识形态，要求我们坚持用马克思主义特别是中国化的马克思主义指导社会实践，也要求我们坚定不移地用马克思主义理论来武装全党和教育全体人民。

结合马克思主义指导思想的理论要求与影视文化对大学生思想政治教育影响的具体实践，我们要从实际情况出发，具体问题具体分析，从传播者与观众的双方面思考，提出具有针对性的意见和措施，使其做到从利国利民的角度出发，有选择地进行创作、引进与观赏，具体就是要从大学生生存的大众传播环境与自身的理论素养两方面进行努力。

(1)要净化影视文化作品的创作与传播环境，把握好影视作品审核的"关卡"。影视文化作品的创作者要自觉地坚持马克思主义指导思想，保证其作品能通过轻松、娱乐的方式向观众传播我国主流的社会意识形态。同时，也需要国家相关部门做好审查工作，坚决遏制违背马克思主义指导思想作品的产生，肃清不适合社会主义背景下传播的影视作品。

(2)巩固和强化大学生自身的理论素养，增强其对西方国家文化渗透的抵抗力。当代大学生作为对影视文化作品接触范围最广的观众，需要在加强马克思主义基础理论学习和自身政治价值观培养的同时，增强其对西方社会资本主义意识形态渗透的抵抗力，自觉抵制以宣扬某些西方社会价值观念为内容的影视作品，最终坚定当代影视文化对大学生传播思想内容的正确方向。

（二）树立中国特色社会主义共同理想，把握影视文化对大学生思想政治教育影响的主流趋势

中国特色社会主义共同理想，是社会主义核心价值体系的主题，是在中国共产党的领导下，走中国特色社会主义道路，实现中华民族的伟大复兴。它反映了我国最广大人民的根本利益、共同愿望和普遍追求，既具体实在又鼓舞人心，它将国家的发展、民族的振兴与个人的幸福紧密地联系在了一起，把各个阶层、各个群体的共同愿望有机结合在一起，

具有强大的感召力、亲和力和凝聚力。它是当代中国发展进步的旗帜，是动员、激励全国各族人民团结奋斗的旗帜。

中国特色社会主义共同理想是具体实在的理想，是亲民利己的理想，影视文化作品是能跨越时间与空间的文化艺术，是能将故事生动、形象地呈现的文化艺术。两者的契合点就在于，通过影视文化作品能生动形象地再现历史与现实中伟大的共产党人领导人民执着追求"中国特色社会主义共同理想"的感人事迹，从而激发当代大学生的爱国热情，引导他们树立走中国特色社会主义道路，实现中华民族的伟大复兴的共同理想。

（1）鼓励文人学者创作能体现中国特色社会主义共同理想的影视作品，为大学生提供丰富的选择素材。深入研究我国历史与现实中国特色社会主义事业的发展历程与杰出成果，研究我党和人民为实现中华民族伟大复兴而做出的努力与取得的辉煌成就，扩大与丰富文人学者的创作题材，帮助其创作更多体现逐步实现共同理想的作品，以供广大学生选择。

（2）引导大学生观赏以爱国主义为主题的影视文化作品，激发其爱国热情，升华其理想目标。面对当前社会纷繁复杂的影视文化作品，处于价值观念、理想信念模糊不清时期的大学生，极容易迷失自己的选择方向，这就需要通过学校教师的引导、家庭环境的熏陶，来帮助学生选择有益于其健康成长的作品，选择能跨越时空生动再现社会主义中国成立的艰难历程和中国人民为实现中华民族伟大复兴而不懈奋斗的坎坷路途的优秀影视作品，以便他们在了解我国发展历史的前提下，感受人民奋斗的艰辛，珍惜当今和平生活的来之不易，也能够激发青年大学生的爱国热情，升华他们的理想信念，从而达到把握影视文化在大学生思想政治教育影响的主流趋势的目标。

（三）弘扬以爱国主义为核心的民族精神和以改革创新为核心的时代精神，明确影视文化在大学生思想政治教育过程中承担的重要任务

以爱国主义为核心的民族精神和以改革创新为核心的时代精神，是社会主义核心价值体系的精髓。是中华民族赖以生存和发展的精神支撑。在五千年的历史演进中，中华民族形成了以爱国主义为核心的团结统一、爱好和平、勤劳勇敢、自强不息的伟大民族精神；在改革开放时期，中华民族形成了以改革创新为核心的解放思想、实事求是、与时俱进、勇于创新的时代精神。民族精神与时代精神二者相辅相成、相互交融，早已深深熔铸在中华民族的生命力、创造力和凝聚力之中，共同构成了中华民族自立自强的精神品格，成为推动中华民族伟大复兴的精神动力。

影视文化是一种通过鲜活的人物形象、优美的情景画面以及超前的时尚元素等相结合来展现角色人物生活经历的艺术文化。其作品不仅要给观众带来欢愉，还要承担弘扬民族

精神与时代精神的重要任务，以实现当代影视文化对大学生思想政治教育的积极影响。影视文化这一任务的实现需要从国内与国外两个方面出发，将国内弘扬与国外引进两方面相结合来推进。

一方面，国内影视作品可以从再现历史与创造现实出发，弘扬爱国主义民族精神；影视作品要将真实的历史故事用生动的画面"讲述"给观众，也要通过将现实需求与艺术特色相结合的方式创作符合当前国情的影视作品，将其完整地呈现给观众，这样才能使观众将自己置身于影视作品的"情境"中，感受片中人民的疾苦与信念的力量，从而达到弘扬团结统一、自强不息的爱国主义民族精神的目的。

另一方面，从我国的基本国情出发，在肯定自身改革成果的基础上，有选择地引进西方发达国家以呈现重大技术创新成果为主题的影视作品。大学生可以通过观看展现我国改革开放优秀成果为题材的影视文化作品，来了解本国的发展现状与提升发展自我的信心；也可以通过观看国外大制作的影视作品来明确我国技术发展水平在国际社会中的地位，并从中汲取经验，激发创新灵感，取其精华，去其糟粕。影视文化只有经过内外双方通力合作，才能更好地完成其担负的时代任务。

（四）践行社会主义荣辱观，为影视文化在大学生思想政治教育中传播正能量奠定基础

以"八荣八耻"为主要内容的社会主义荣辱观，是社会主义核心价值体系的依托和体现，是对社会主义国家公民应当遵守的基本思想道德规范的高度概括，也是从总体上对社会主义社会主导价值体系的生动表达。它贯穿了社会生活各个领域，覆盖了各个利益群体，涵盖了人生态度、社会风尚的方方面面，它把与社会主义市场经济相适应、与社会主义法律法规相协调、与中华民族传统美德相承接的社会主义思想道德观念有机融合在一起，鲜明地指出了什么是真善美，什么是假恶丑，以何为荣，以何为耻，为人们在社会主义市场经济条件下判断行为得失、做出道德选择、确定价值取向提供了基本规范。树立社会主义荣辱观，能使社会成员知荣弃耻、扬荣抑耻，社会主义核心价值体系才能有所依托和体现。

影视文化是一种通过生动连贯的故事情节来告诉观众何为对、何为错、何该扬、何该抑的文化形式。它能将自身所蕴含的信息直接快速地传达给观众，对于好奇心重、模仿能力极强的大学生来说，影视文化作品所呈现的能迎合其内心需求的行为极易对其造成影响。所以，影视文化作品必须严格践行社会主义荣辱观，将正能量传递给当今社会的青年大学生。

（1）影视文化作品要明确分割作品中呈现的荣与辱的界线，以便于正确发挥其对大学生行为导向作用。随着科学技术和影视文化事业的快速发展，影视文化的商业化发展成为

必然趋势。同时，越来越多的作品所宣扬的真善美与假恶丑的界线也越来越模糊，使大学生难以接收到我国优良的传统道德文化熏陶，从而误导了他们的具体行为，轻则违背社会道德，重则触犯法律法规，走上犯罪道路。因此，我们要提倡影视作品要践行社会主义荣辱观，以鲜明的主题态度为宣传内容，使观众能清晰准确地接收到作品所传达的信息，为大学生思想政治教育增添正能量的素材。

（2）以经典的影视作品为典型，带领学生"读懂"影片所蕴含的艺术观点。很多大学生在面对艺术水平较高或阐述观点较为模糊的影片时，通常都会不知所措，面对这样的状况，就需要学校教师进行引导，带领学生走进故事情节，汲取作品中人物形象传达给观众的正能量。

二、以主流影视文化为载体加强大学生思想政治教育

电影、电视作为当今时代的新兴的大众传播媒介相继诞生，使影视文化迅速成为能够最大范围、最大限度地满足人们精神需求的重要方式，影视文化在当今社会发展过程中占有举足轻重的地位。因此，社会及高校应积极发挥影视文化的载体作用，尤其是当前社会中的主流影视文化，并充分发挥其导向作用，以此促进大学生思想政治教育工作的顺利进行，实现其利用价值的最大化。

（一）增强精品意识，提供更多更好的影视文化精神食粮

进入 21 世纪以来，随着人们生活水平的逐步提高和科学技术的飞速发展，人类传统的生活方式发生了翻天覆地的变化。社会传媒成为构建社会主义和谐社会的重要组成部分，拥有社会赋予其协调物质文明和精神文明平衡发展的重大使命，而影视传媒则是当代发展最为迅速、影响范围最为广泛、大学生接触最为频繁的大众传媒之一，它对帮助大学生树立正确的积极向上的世界观、人生观和价值观有着不容小觑的效用。因此，影视工作者要严格遵守相关法律法规与职业道德，增强自身的精品意识，为观众创作更多优秀的影视文化精神食粮。

当前影视文化在国外影视文化入侵和追求经济利益最大化的双重冲击的大背景下发展，影视媒体的创办宗旨也逐渐由宣传社会主流意识形态向追求高收视率转变，最终导致以低俗、媚俗、炒作、色情、暴力为内容的影视作品纷纷涌现。因此，影视工作者要增强自身的社会责任感，严格遵守影视艺术行业相关的职业道德与法律规范，以严格的行业自律精神，坚守职业操守和艺术良知，努力提升影视作品的文化艺术品位。"以正确的舆论引导人、以优秀的作品鼓舞人、以高尚的情操塑造人"，综合指导当代社会传媒的具体工作，增强影视文化的精品意识，督促文人学者创作拥有较高艺术品位的优秀作品，努力实

现影视文化教育价值、娱乐价值和审美价值的完美结合，从而为当代大学生实现其自身的全面发展创造健康良好的影视文化环境。

（二）坚持正确的服务方向，为大学生创作更多的优秀作品

影视文化是一种建立在音乐、美术、摄影及音效等多种艺术门类交汇点上，同时又兼容了多门学科思想内涵的综合性艺术文化。它以情景故事、人物形象、语言文字作为其创作和传播的手段，向观众传播当前社会的主流意识形态和价值观，影响着他们的价值观念和言谈举止。它也以其独特的传播方式与梦幻的视觉冲击效果，吸引大学生的目光，赢得他们的青睐，成为大学生思想政治教育的新型载体。因此，当代影视文化更应该坚持正确的服务方向，为大学生创作更多的优秀作品。

影视文化是一种将书面化的文字故事经过影视编剧的精心创作和演员的精彩演绎，最终以宣扬某种思想为主题而亮相荧幕的文化艺术形式。创作剧本是影视作品产生的最重要前提。在以知识和科技为国家竞争力标志的当今社会，大学生是时代的宠儿，是国家社会发展的中坚力量，也是影视文化作品最大的受众群体之一。因此，当前社会影视作品的创作者应高度重视大学生这一观众群体，要坚持以正确的教育态度与服务方向，为大学生创作更多的优秀影视文化作品，为他们的成长提供更多的学习资源，丰富高校的教育教学素材，有效促进大学生思想政治教育工作的顺利进行，为大学生的健康成长创造良好的影视文化氛围。

三、以加强校园影视文化建设为抓手，推进大学生思想政治教育

大学校园生活是莘莘学子从学生群体到社会人士角色转换的过渡时期，是学子踏入社会的最后一站，但不是学习的终点，相反却是一个全新的起点。大学时期各种各样的教育都将会对他们日后的发展产生非常重要的影响，对于这样的状况，学校作为学生教育中的重要角色之一，就应该跟紧时代的步伐，不断地对自身各方面进行改革创新。随着以电影、电视为代表的大众传播媒介的迅速发展，加强校园影视文化建设就理所应当地成为推进大学生思想政治教育的重要内容，其具体措施分别是从学校课堂、网络、社团、影视实践活动和学生个人等方面进行思考。

（一）推进影视文化进课堂

学校加强校园影视文化环境建设，就应以提升高校媒体素养教育水平为前提，其中以大学生媒介素养为主要内容。大学生媒介素养教育是学校有计划地组织学生接受与媒介素养相关的理论知识，指导学生正确理解并正确使用大众传播资源的教育。学校要通过这种教育培养学生独立辨别与正确选择媒体信息的基本能力，使学生能够在日常的学习和社会

生活中合理利用有效的媒介资源来完善自我，参与社会的发展。具体措施以推进影视文化进课堂最为典型，如在公共选修课中，开设"影视文化与大学生思想道德发展研究""影视文化与当代社会政治""影视作品赏析与评论"等课程，从不同的学科角度出发，给学生分析影视文化与不同层面的社会文化的关系，解读具有典型性特征的影视作品中所蕴含的深刻哲理，引导知识覆盖面不全且认识能力相对较弱的大学生全面地了解、认识影视文化的基本理论和它与社会各方面的关系，引导大学生提高自身分辨优劣影视文化信息的能力，也引导他们形成正确的价值取向；同时，也可以通过对影视文化基本知识及影视作品拍摄基本方式的介绍，来拓宽大学生的知识面，培养大学生的审美情趣和个人兴趣爱好，陶冶大学生的艺术情操。另外，也可以在理论学科的课堂教学中，充分利用丰富的影视文化资源，将有思想性和教育性的影视片段适当穿插和引用到日常的课堂教学中，实现对枯燥的专业理论知识进行更加立体、生动式的教授。这样可以使教育内容生活化，使大学生更乐于接受经过艺术"加工"的理论知识，从而顺利地达成学校的专业知识与思想政治教育同步教授的双重目标。

（二）实施优秀影视文化进网络

随着当代科学技术的飞速发展，高校教学设备的不断更新，教师的教育教学方式、手段及载体都取得了创新性的发展，推动了当前高校思想政治教育的现代化进程，也实现了教育方式的最优化。影视文化作为高校思想政治教育的重要载体之一，它还需要将丰富多样的影视文化与高校基础设施资源进行合理的结合才能更加有效地实现其教育功能。结合当前各大高校的教育教学资源现状，充分利用校园网络资源，积极构建校园影视网站，将优秀的影视文化作品载入，是利用影视文化推进高校思想政治教育的有效途径。

实施优秀影视文化进网络，就是借助校园内部网站，建立以多种类型影视作品为主要内容的校园影视网络平台，为学生提供影视资源下载和在线点播的影视网络教育。为了确保影视网络教育的有效实施，避免教学资源的浪费，高校应从学生的角度出发，为学生做好以下三方面的工作：首先，做好影视网站的设计与维修等工作，以独具特色的新颖设计增强影视网站的吸引力，以定期检查与细致的维护工作保证影视网络平台的正常运行；其次，保证影视网络教育资源种类齐全、更新及时，最大限度地满足学生的求知欲，保证教育教学资源的及时性；最后，制定具体措施，保证学生能随时免费下载和观看校内所有的影视文化资源，减少流量对学生使用校内资源的阻碍，提高学生对影视网络资源的有效利用。

（三）组建校园影视文化社团

鼓励、支持和引导大学生创办、参与与影视文化相关的学生社团。社团活动是大学生校园文化活动的重要组成部分，是丰富大学生校园生活的重要内容，也是高校对大学生开展思想政治教育工作的重要途径。因此，学校应鼓励、支持大学生创办与影视文化相关的学生社团，并鼓励其开展丰富多彩的实践活动，比如以社团名义组织社员集体观影，并对影视作品进行赏析，对影视作品的艺术与文化价值进行研究与探讨，从而提升影视文化对大学生政治观、道德观、人生观和审美观的教育效果；也可以从"实践出真知"的原理出发，鼓励学生设立以创作、拍摄和演绎微视频、微电影为主的社团，组织社团成员参与社团实践活动，让学生从创作剧本、演绎作品到拍摄情景等多角度、多层次去了解与思考影视文化作品的基本任务与现实价值，从而提升学生对于影视文化基本内涵与价值的认识。因此，对于此类校园社团活动，学校就应持鼓励、支持和引导的积极态度，通过让学生亲身经历与积极探讨的方式，培养学生勤于学习、勤于思考的正确的生活学习态度，从而促进影视文化在大学生思想政治教育过程中价值的实现。

（四）开展丰富多彩的影视实践活动

学校及相关机构应秉承"实践出真知"的理念，鼓励、支持大学生从观众和评论者的双重角度对影视作品开展参与影视创作、拍摄和影视艺术鉴赏与评论等丰富多彩的影视实践活动。影视作品鉴赏是人们在观看影片时所产生的一种观"画"入情、动情观照的审美精神活动。而影视评论是指观众对影视作品及现象依据自己的艺术观和审美标准而进行的艺术分析和审美评价的思维实践活动。大学生电影节就是一个以高校为核心，以大学生为主体，以推动高校精神文明建设和学生文化素质教育为目的，联合相关机构举办的集参与创作、拍摄、影视作品鉴赏、影视评论、影视专题讨论和专题讲座等众多学术活动于一体的大学生文化艺术活动。大学生电影节以"青春激情、学术品位、文化意识"为宗旨，以"大学生办、大学生看、大学生评"为特色，鼓励大学生自己创作、拍摄录像作品，并对其作品进行评奖。在教育、文化和影视三界有着广泛深远的影响。目前主要以中国北京大学生电影节举办时间最长，至 2023 年已举办了 30 届，在国内具有广泛的知名度和影响力。近年来，其他大城市为丰富在校大学生文化生活，增强影视文化在大学生教育方面的积极效用，也纷纷举办电影节，已经举办的分别有广州、成都、重庆、太原、武汉、上海、杭州、天津、南京等大学生电影节。对于这种对教育与影视都有良好帮助的影视实践活动是值得鼓励和提倡的。希望未来有更多的高校能加入这一活动的行列，通过有效利用影视文化来推进大学生的思想政治教育。

（五）提高大学生理论水平与自身素养

马克思辩证唯物主义认为，事物的发展是内因与外因相结合的结果，外因是通过内因起作用的。同样，人们作为社会个体，实现影视文化与大学生思想政治教育的完美结合最终也是通过人们的心理机制来起作用的。影视文化积极正面的影响是通过大学生个体在对外各种因素的自我构建与自我发展中形成的。因此，要实现影视文化对大学生思想政治教育的积极影响，大学生个人自身的努力也是绝对不能缺少的。具体而言，就是大学生应该从理论学习做起，在提高自身理论修养的基础之上，发挥主观能动性，综合利用多方因素实现树立正确价值观的终极目标。

第一，大学生要从夯实自身基础理论知识出发，提升自身的理论修养。马克思主义的辩证唯物主义和历史唯物主义是最科学的世界观和方法论，是形成正确价值观的理论基础，也是指导人们树立正确价值观的行动指南。因此，作为当今社会的大学生，应当认真学习和掌握马克思主义基本原理，以实现理论到实践的转化和自身政治理论修养的提升。也只有认真深入地学习这些思想和理论，才能完整、准确地掌握马克思主义理论的精神实质，为自身树立科学的价值观奠定坚实的理论基础。并以此为指导，对影视文化作品中宣扬的消极、低俗的价值观进行有效的抵制。

第二，大学生要发挥主观能动性，自觉利用各方面有利因素树立科学正确的价值观。大学生在应对影视文化带来的信息冲击与价值观多元化发展的现状时，必须积极发挥自身的主观能动性，对影视文化中宣扬的价值观念进行主观独立的分析、对比和鉴别，要明确区分科学的、积极的、正确的价值观和庸俗的、消极的、错误的价值观，并综合分析社会媒体、学校和家庭等各方面外部环境的有利因素，对其进行合理的优化配置，以实现影视文化对大学生树立正确价值观积极影响的最大化。进而实现影视文化对大学生思想政治教育影响的最优化。因此，学生只有增强自身的主体意识，才能促进影视文化积极作用的发挥。

在以经济全球化和市场经济为时代背景的社会主义中国，随着科学技术和影视行业的迅速发展，影视文化已成为人类社会文化的重要组成部分，也成为当代大学生日常生活所不可或缺的部分。改革开放以来，影视文化的市场也逐渐对外开放，来自国内与国外两大市场的多样化影视作品潜移默化地对大学生的政治态度、意识形态、思想观念及生活态度等多方面价值观产生了积极与消极的双重影响，对他们的健康成长也造成了极大的影响，这成为当今社会必须关注的重要问题之一。

思想政治教育是一种高校通过专职教师有组织、有计划地对学生群体进行教育，使其形成符合当前社会发展所需要的思想观念、政治观点和道德规范的实践活动。影视文化是开展大学生思想政治教育的重要载体，而思想政治教育是实现影视文化教育功能的有效途径。通过挖掘影视文化的教育功能使其成为大学生思想政治教育的创新型载体，激发学生的学习热情，提高教学效率和质量，充分利用现有的多样化社会资源实现并强化思想政治教育的终极目标，为国家高校教育事业的顺利推进提供便利。

结合种种情况，从当代影视文化与大学生思想政治教育的相关性出发，我们必须结合社会主义核心价值体系、主流影视文化与校园影视文化环境等多方面因素，在加强自身理论素养的同时，坚信"实践出真知"的理念，积极组织学生参加多种类型的影视实践活动，共同为大学生创造一个良好的成长氛围，实现影视文化与大学生思想政治教育的完美结合，帮助大学生树立科学正确的价值观念。这是实现当代大学生思想政治教育目标的一个重要课题，也是时代发展的客观要求。

参考文献

［1］张再兴. 网络思想政治教育研究［M］. 北京：经济科学出版社，2009.

［2］教育部思政司. 加强和改进大学生思想政治教育的重要文献选编［M］. 北京：中国人民大学出版社，2005.

［3］张耀灿，郑永延，吴潜涛. 现代思想政治教育学［M］. 北京：人民出版社，2006.

［4］洪波. 思想政治教育话语范式转换研究［M］. 杭州：浙江大学出版社，2012.

［5］周中之，石书臣. 现代思想政治教育理论与实践探微［M］. 北京：人民出版社，2009.

［6］刘沧山. 中外思想政治教育研究［M］. 北京：人民出版社，2008.

［7］赵志军，于广河，李晓元. 思想政治教育管理学［M］. 北京：中国社会科学出版社，2009.

［8］路易斯·莫利. 高等教育的质量与权力［M］. 北京：北京师范大学出版社，2008.

［9］龙波宇. 新媒体时代大学生网络思想政治教育的策略［N］. 中国电影报，2023－03－08(11).

［10］刘雪莲，熊风光. 高校思想政治教育网络建设中的问题及策略［J］. 中北大学学报（社会科学版），2023(2)：99－108.

［11］曾龙凯. 新媒体时代高校思想政治教育创新对策思考［J］. 黑龙江教师发展学院学报，2023，42(3)：15－17.

［12］任肖英. 高校辅导员思想政治教育工作中的师生交往探究［J］. 教育理论与实践，2023，43(6)：50－53.

［13］张俊婷. 高校思想政治工作融入人才培养体系的探索与实践［J］. 湖北开放职业学院学报，2023，36(3)：104－108.

［14］王艺鑫. 互联网＋背景下高校思想政治教育创新及实践探究［J］. 才智，2023(5)：163－166.

［15］徐永扬. 五育并举视域下高校大学生思想政治工作研究［J］. 佳木斯职业学院学报，2023，39(2)：16－18.

[16] 滕苏苏，袁静. 新时代高校思想政治教育的有效路径研究[J]. 湖北开放职业学院学报，2023，36（2）：110 – 114.

[17] 石瑶. 大学生思想政治教育工作实践探究[J]. 时代报告，2023（1）：139 – 142.

[18] 宋敏. 新时代高校学生思想政治教育工作的内涵与使命——以江苏开放大学为例[J]. 大学，2023（3）：69 – 72.

[19] 欧阳丹，刘曦瞳. 高校心理健康教育与思想政治教育协同育人探析[J]. 品位·经典，2023（1）：98 – 101.

[20] 文海燕. 互联网时代党建工作与思想政治教育融合发展的新路径——评《新时代"互联网＋"视域下高校党建工作研究》[J]. 领导科学，2023（1）：157.

[21] 孙雪松，杨妮妮. 大学生思政教育和心理健康教育深度融合研究[J]. 中北大学学报（社会科学版），2023，39（1）：94 – 98.

[22] 郭贵春. 高校思想政治教育"三全育人"路径研究[J]. 山西财政税务专科学校学报，2022，24（6）：72 – 74.

[23] 黄建军. 社交媒体环境下高校学生思想政治教育的实效性探究[J]. 教师，2022（36）：12 – 14.

[24] 孟会钏. 新时代加强高校教师思想政治教育的现实意义——评《高校思想政治教育服务学习研究》[J]. 科技管理研究，2022，42（24）：236 – 237.

[25] 荣利，杨蕊蕊，高发亮. 大数据视域下高校思想政治教育质量提升策略研究[J]. 产业与科技论坛，2022，21（24）：228 – 230.

[26] 刘淑春. 高校思想政治教育工作途径探索[J]. 经济师，2022（12）：188 – 189.

[27] 赵浩洲，张万强. 新时代高校大学生思想政治教育路径探析[J]. 传承，2022（4）：69 – 74.

[28] 牛琦，孙晶姝. 高校思想政治教育工作的现状及前景分析[J]. 食品研究与开发，2022，43（23）：238.